华章经典·金融投资

日本蜡烛图技术新解

BEYOND CANDLESTICKS
New Japanese Charting Techniques Revealed

| 典藏版 |

[美] 史蒂夫·尼森 著 梁超群 陈辉 译

机械工业出版社
China Machine Press

图书在版编目（CIP）数据

日本蜡烛图技术新解（典藏版）/（美）史蒂夫·尼森（Steve Nison）著；梁超群，陈辉译. —北京：机械工业出版社，2018.7（2025.1重印）

（华章经典·金融投资）

书名原文：Beyond Candlesticks: New Japanese Charting Techniques Revealed

ISBN 978-7-111-60234-7

I. 日… II. ①史… ②梁… ③陈… III. 股票投资 – 基本知识 IV. F830.91

中国版本图书馆CIP数据核字（2018）第121858号

北京市版权局著作权合同登记　图字：01-2010-3889号。

Steve Nison.Beyond Candlesticks: New Japanese Charting Techniques Revealed.

ISBN 978-0-471-00720-3

Copyright © 1994 by Steve Nison.

This translation published under license. Authorized translation from the English language edition, Published by John Wiley & Sons. Simplified Chinese translation copyright © 2018 by China Machine Press.

No part of this book may be reproduced or transmitted in any form or by any means, electronic or mechanical, including photocopying, recording or any information storage and retrieval system,without permission, in writing, from the publisher. Copies of this book sold without a Wiley sticker on the cover are unauthorized and illegal.

All rights reserved.

本书中文简体字版由John Wiley & Sons公司授权机械工业出版社在全球独家出版发行。

未经出版者书面许可，不得以任何方式抄袭、复制或节录本书中的任何部分。

本书封底贴有John Wiley & Sons公司防伪标签，无标签者不得销售。

日本蜡烛图技术新解（典藏版）

出版发行：机械工业出版社（北京市西城区百万庄大街22号　邮政编码：100037）

责任编辑：施琳琳　　　　　　　　　　　责任校对：李秋荣

印　　刷：北京虎彩文化传播有限公司　　版　　次：2025年1月第1版第14次印刷

开　　本：170mm×230mm　1/16　　　　 印　　张：18

书　　号：ISBN 978-7-111-60234-7　　　 定　　价：60.00元

客服电话：（010）88361066　68326294

版权所有·侵权必究
封底无防伪标均为盗版

| 致 谢 |

我翻译过的一本日文书中有言:"在世人眼中,日本图形技术常常是面目模糊、神秘兮兮的。知其精髓者寥寥,相关资料奇缺。"此言不虚,尤其是对于本书下篇中所言的诸多日本新技术,相关资料更是难得寓目。但是,在某些重要人士的慷慨帮助之下,我终于得以一睹这些秘籍的真面目,从而在本书中与读者分享日本技术分析中一直秘不示人的许多重要方面。

理查德·索尔伯格的翻译对我有很大的帮助,没有这些翻译,本书几乎不可能完成。理查德的翻译工作做得很出色,而且他不避艰难,四处搜罗,终于为我找到了我所需要的许多书刊,它们对我的研究工作的基础阶段是不可或缺的。理查德无疑是我最关键的资源之一。

本书的撰写与我的第一本书一样,其中凝聚着许多见多识广的日本交易员的心血,他们传授了宝贵的经验与知识,大大促进了我的成长。

冈本润先生(野村投资信托董事)、林安先生(住友人寿保险高级交易员)、林仪先生(巴克莱信托投资经理)以及日本分析师协会的很多其他会员,都为我提供了慷慨的帮助。我向他们请教的有些问题应该是非常幼稚、粗浅的,但他们一直保持着耐心,而且知无不言。没有他们的诸多高见,本书也许就不会有现在这样的"厚度"与深度。

在本书的撰写过程中，潘恩·韦伯公司的副总裁芳泽精彦先生慷慨赐见多次，就蜡烛图分析技术提供了诸多重要的信息，并让我分享了他的学识与经验。

井明阳二先生兼任路透社的日本通讯员，也是本书撰写过程中的重要顾问。他的信息与学识对本书就日本新图形技术所展开的探讨非常关键。他利用他宝贵的时间，不厌其烦，认真审读了其中的某些新技术，以确保我能准确地理解并传达关键知识。当他对某些问题有所踌躇时，他甚至直接与他的日本同行进行讨论。井明阳二先生曾说他以与我探讨切磋为乐，但我想他有此言多半是出于礼貌。尽管在某些方面，我也许确实向他贡献了某些见解，但总体而言，我们的探讨属于师生之间的切磋，我扮演的主要是学生的角色。有他这样一位博学、慷慨、友好的老师是我的幸运。

我要再次感谢我的朋友布罗斯·卡米西。作为一位真正的专业人士，他多年来一直源源不断地传授给我很有深度、非常有益的思想。

本书的责任编辑苏珊·贝里，也是我的第一本著作的责任编辑。想起来，她是一个很有远见的人，她早早地预言了美国人对蜡烛图技术的熊熊热情。我之所以选择 John Wiley & Sons 出版社出版本书，她是主要原因之一。希望苏珊不会跳槽到南极洲的某个出版公司，因为她知道我如果要出第三本书，还会找她做编辑的。

英国某位诗人曾说道："在无知为福之处，智慧就是愚蠢。"在撰写我的第一部著作前，我完全"无知"写作这样一本书将意味着怎样的付出。那本书让我真正了解了"做"一本书的艰难过程。因此，"做"完那本书后，我完全没有再遭这样一次罪的打算。但是，纽约兰道尔投资管理公司的首席投资官道奇·道兰德促使我改变了想法。道奇利用蜡烛图技术从事日内盘中交易，取得成功后成为蜡烛图技术最早的拥趸之一。道奇先生是个真正的好人，脾气好，学养也好得不得了，他身边的人都能为这点打包票、签字背书。

本书中的许多图形来自盐湖城的 EQUIS 国际公司开发的 MetaStock 软件。为帮助我画钥匙线、三线突破反转图和砖形图，他们提供了新的软件。没有他们的帮助，本书会粗糙得多。他们的软件出类拔萃，员工尽职且能干，与他们合作，是一种享受。MetaStock 软件画图所使用的数据来自 Dial-Data（总部在纽约的布鲁克林）。我个人的观察确认，他们的数据很精确，用起来也很方便。

我还要感谢夏洛克·尼卡哈。他很早就发现了我的研究工作的巨大价值，希望能利用蜡烛图技术的种种优势帮助他的客户。他的热情促使我加入他的团队，加入美国 Daiwa 证券公司从事证券咨询与经纪服务。我还要感谢我的同事马克·唐克尔，他不惜费时费力地校读了本书的清样。

本书与我的第一本书一样使用了格伦伍德公司的许多 CQG 图。这家公司提供实时成图服务，它也是西方第一家向客户提供蜡烛图技术服务的公司。多年来，该公司为我提供了很多服务。它的数据很精确，技术支持人员（例如纽约的斯蒂夫·昂斯塔德）也非常尽职，使得公司成为实时成图技术服务方面首屈一指的企业。它在全球享有盛誉，看来也是实至名归。

路透社的纽约、伦敦和东京分部也为本书提供了很多图。路透社的 RTA 技术分析实时成图产品有多方面独特的功能。我一直为路透社在欧洲各地主持相关研讨班，我也乐此不疲。路透社如此费事、费时、费钱地送我去欧洲各国，这本身就说明它非常注重满足客户的学习需求。

我的第一本书的撰写正逢我儿子伊文的出生。伊文出生时，我对妻子伯妮说我要给儿子取名为蜡烛·尼森，着实把她吓了一跳。今年伊文已经 4 岁了，他很喜欢在我的键盘上练手。既然如此，如果你在本书中发现了打印错误，也许可能就是我儿子干的好事。我的女儿丽贝卡今年8岁，她非常聪明。我曾经开玩笑说，我希望将本书写得非常浅显易懂，连小孩也能读，因此我现在想着要让她承担这个"致谢"的校读。这么一来，如果有差错，我就多了一个理由。最后要提的是悉心关爱我的妻子伯妮，她非常耐心、非常体贴，她真正明白写书很光荣，写书也很累人。

顺带感谢一下我的信用卡公司，还有我的债主——贷款让我买房的银行，它们是我写作本书的另一个重要原因。

作者简介

史蒂夫·尼森

  注册市场技术分析师（CMT），尼森研究国际公司的创始人、总裁。该公司为客户提供量身定制的培训与技术咨询服务。尼森先生是向西方介绍蜡烛图技术的第一人，是日本图形技术在西方市场的适用性研究方面公认的权威。他的《日本蜡烛图技术》是国际市场上的畅销书和常销书。全球的金融业媒体，包括《华尔街日报》《巴伦周刊》《价值》《欧元周刊》《机构投资者》等，对他的研究常有报道和关注。他是纽约金融学院的讲师，在4所大学拥有客座教席。作为全球知名的重量级演讲人，他曾在17个国家向成千上万的交易者和分析师讲授他的交易技术。邀请他讲课的机构甚至包括世界银行和美国联邦储备银行。尼森先生拥有金融与投资方向的MBA学位，是最早获得"市场技术分析师协会"颁发的"注册市场技术分析师"证书的人之一。此前他曾在Daiwa证券公司担任高级副总裁，在美林证券担任高级技术分析师。目前，尼森与他的家人居住在新泽西。他的网址是www.candlecharts.com，这个网址的邮箱地址为：info@candlecharts.com。

| 目 录 |

致　　谢
作者简介

上篇　蜡　烛　图

引言 / 2

第1章　概述 / 6

第2章　基本知识 / 12

　　蜡烛图的历史 / 13
　　蜡烛图的结构 / 18
　　实体与影线 / 20
　　上下影线 / 52

第3章　蜡烛图组合形态 / 56

　　单根蜡烛线所构成的反转形态 / 58
　　双蜡烛线所构成的形态 / 70
　　窗口 / 97

三根或三根以上蜡烛线所构成的形态 / 113

迭创新高（低） / 126

第 4 章　蜡烛图与市场的整体技术面 / 132

止损 / 134

风险与收益的权衡 / 137

趋势 / 141

做一个市场变色龙 / 146

计算机与蜡烛图 / 149

下篇　差异指数与新价图

引言 / 158

第 5 章　日本人如何使用移动平均线 / 164

黄金交叉与死亡交叉 / 165

差异指数 / 167

偏离指数 / 173

第 6 章　三线反向突破图 / 176

三线反向突破图的画法 / 178

三线反向突破图的交易技巧 / 184

三线反向突破图练习题 / 201

第 7 章　砖形图 / 206

砖形图的画法 / 208

砖形图的交易技巧 / 213

砖形图练习题 / 215

第 8 章　钥匙图 / 220

钥匙图的画法 / 222

钥匙图的交易技巧 / 227

双窗口形态 / 236

钥匙图练习题 / 247

结论 / 251

术语解释 / 253

参考文献 / 278

| 上 篇 |

BEYOND CANDLESTICKS

蜡 烛 图

十人十色

引 言

交易行情图就像地图，提供的信息越丰富，指引你安全抵达目的地的概率也就越高。相比条形图而言，蜡烛图是一种更详尽、更精确的市场地图。我曾经翻译过的一本日文书中说道："可以毫不夸张地说，蜡烛图是世界上最好的工具，它是个精巧的市场分析图形。"正如下面所介绍的那样，这是因为蜡烛图打开了新的分析通道，具备条形图所不具备的多种优点：

- 蜡烛图通过显示多空力量消长，形象地反映市场的供需状况；条形图不能。
- 与条形图一样，蜡烛图显示市场趋势，但是蜡烛图揭示行情变动背后的力量，从而为行情分析增加了一个维度。
- 条形图技术常常需要几周时间才能发出一个反转信号，而蜡烛图常常发出近期反转信号，通常会在此后的1～3个交易时段发生反转。也就是说，蜡烛图能够提供更多的及时交易机会。

在引进美国后的几年内，蜡烛图就与条形图、点线图一样，被认为是基本的画图技术之一。蜡烛图之所以如此广受青睐，原因当然不只是上面所述的几点。

蜡烛图所使用的数据与条形图一样，包括开盘价、收盘价、最高价、最低价，因此条形图能发出的信号它都能发出；同时，蜡烛图还有后者所不具备的诸多优点。蜡烛图对美国人而言就是个"双赢"工具——发现条形图能发现的信号，赢条形图能赢的钱；蜡烛图还能赢条形图赢不了的钱，因为它有独特、强大的市场洞察能力。因此，何必再用条形图呢？

日本交易员在全球各个金融市场上都是一股重要力量，因此，市场上的对手很有兴趣了解一下日本人是如何使用他们自己的分析工具的。蜡烛图正是日本技术分析中最流行的形式。欧洲杂志《欧元周刊》（*Euroweek*）中所刊载的一篇文章很能反映蜡烛图在日本市场交易人士心目中的地位。这篇文章引用一位在某日资银行工作的英国交易员的话说："这里所有的日本交易员都使用蜡烛图，无论是在外汇市场、期货市场还是股票市场。根据对这些图形的解释，每天在伦敦金融市场上进出交易的资金达数十亿美元，要搞清楚他们的操作特征也许并不容易，但是这个庞大的数字本身就说明他们值得关注。"

想一想吧，每天都有数十亿美元的资金在跟着蜡烛图信号做交易，而我们直到不久之前，对日本人如何从技术面观察市场还一无所知。这真是令人难以置信。了解本书所讨论的蜡烛图技术和日本人的其他技术工具，能够引导我们及时觉察日本人下一步准备干什么。

数年以前，我结识了一家规模名列前茅的日本人寿保险公司的技术分析总监（他因为想从我这里学习一下我使用西方技术工具从事交易的经验而主动找上门来）。走进我的办公室看到我书桌上的蜡烛图时，他以非常惊讶的口气问："你知道蜡烛图？"我做了肯定的答复，继而问他是否使用蜡烛图。他告诉我，他们公司的最高管理层每周一都会开会讨论世界市场情况。在这些会议上，他会拿出蜡烛图来阐述他对市场技术面的观点。他又指着蜡烛图问我："还有多少美国人懂蜡烛图？"我说除我之外就没了（当时我的第一本书还没出版）。他听了立即有如释重负之感。我又说道："不久我就有一本这方面的书要出版。""也就是说很多人就会学会蜡烛图了？"他似乎很失望。在这里回顾这段经历，目的是告诉大家，日本交易员会主动上门来学习西方人的交易技术手段。日本一直主动学习西方，几乎已经把西方所有的技术方式都学习了。在我翻译过的所有日文书中，每一本都会或多或少地提到西方技术分析手段。其中一本书说道："要懂得股票市场，单单懂得日本图形技术还不够……必须吸收西方技术中的精华。在西方技术精华的基础上再来使用日本图形技术的精良工具，不断地进行股票市场中不可或缺的行情预测，并不断地修正。"于此可以看出，日本人注重以西方的技术来增强其工具的威力。本书的宗旨之一就是反其道而行之，让西方分析师清楚日本人是如何使用技术分析的，以此增强他们对市场的认识。

《日本经济日报》曾刊文介绍我的研究，其中有这样的话："就投资领域而言，日本人历史上一直在向西方人学习，到今天也许可以当回老师了。"确实，我们现在有机会获取海量的技术分析工具信息，而且这是一个历经好几代人的发展、已臻完善的工具库。我们正在向日本人学习。

本书第 2 章首先介绍蜡烛图的基本画法，并回顾蜡烛图技术的发展历史，然后集中阐述一点：单个蜡烛图也能带来重要的市场洞察。第 3 章讨论基本的蜡烛图组合形态，通过书中对诸多形态的详细描述，蜡烛图的初学者和专家都能发现新的市场观察角度。第 4 章聚焦于一个观点：整体技术面状况比单个蜡烛图组合形态更重要，绝不可见树不见林。

| 第 1 章 |

概　　述

「万事俱备只欠东风。」

日本有句古话："聪明的老鹰会藏起自己的爪子。"在一个多世纪的时间里，日本技术分析的"鹰爪"——蜡烛图技术被严严实实地深藏，西方世界对它一无所知。

对不了解蜡烛图的新手，我有必要简单解释一下。蜡烛图是日本最流行、最古老的技术分析形式，其起源早于西方的点线图，也早于条形图。让人惊讶莫名的是，蜡烛图技术在远东地区经历了好几代人的实践，而西方对此几乎完全陌生，直到我在我的第一本书《日本蜡烛图技术》中进行了一场大揭秘。

我很得意，也很自豪，我的第一本书被认为点燃了西方世界对蜡烛图的兴趣之火，推动了西方技术分析的一场革命。在它出版以前，很少有西方人听说过蜡烛图，而现在，蜡烛图技术是最常用的技术分析工具。

连位于华盛顿的世界银行的专家，也成了蜡烛图的粉丝，以至于热情相邀，让我去跟他们讲讲蜡烛图技术。这门长期秘而不宣的技术，现在已经激发了全球的兴趣。看看下面这些金融报刊、通讯社的新闻标题，我们就可以对此窥见一斑了：

● 《机构投资者》："揭秘！日本古代交易技术系统。"

- 《华尔街日报》："日本蜡烛图（蜡烛）照亮交易员之路。"
- 《欧元周刊》："蜡烛图技术走出深山。"
- 《国际权益市场》："蜡烛图技术——西方找到新语言。"
- 路透社："蜡烛图（蜡烛）为西方图形技术派照亮新路途。"

在过去70多年的时间里，西方分析师最爱的画图工具是条形图和点线图。然而，在很短的一段时间内，蜡烛图也已经成为如条形图和点线图一样的基本技术手段。这种发展速度，直接反映了蜡烛图的受欢迎程度以及它本身的价值。

蜡烛图的风靡已经成为媒体热议的一个话题。商业新闻有线电视台CNBC名为《技术谈》（*Tech Talk*）的电视节目由著名技术分析师约翰·墨菲主持。约翰告诉我，有观众曾经打进电话来问他："这些看似热狗香肠的图形究竟是什么？"哈哈！将蜡烛图美国化，称其为"热狗香肠"，真是个有趣而好玩的主意。但是，至少就目前而言，我还是继续用蜡烛图这个名称妥当一点。

很多著名的交易员、分析师都曾对我不吝精彩的赞美之词。但是，最让我感到亲切的赞美来自一位女性："如果你在任何时候情绪不振，那就想一想，在密苏里有一位善良的小老太太，她对你的成就惊叹不已。"这对我本人而言当然是溢美之词，但恰如其分地反映了蜡烛图的广泛魅力——无论是世界银行的交易员，还是密苏里的老太太，都成了它的粉丝。

蜡烛图分析如此风靡的原因，其实不难理解。因为它可以和任何技术分析融合在一起，可以应用于任何用得上技术分析的市场，它提供的市场洞察威力非其他分析手段所能及。

为什么要写本书？16世纪一位著名的日本武士曾经说道："学问是一扇

门，而不是房子本身。你必须穿过这扇门，才能进入那幢房子。"

我的前一本书《日本蜡烛图技术》仅将你带到门口，而本书将带你进入房子内部，里面还包含许多新的、不寻常的、有效的技术手段，可用于提高你的交易、投资或对冲技术。

日本的画图技术一直被深深秘藏，但通过与许多使用蜡烛图的日本交易员的交流，以及翻译大量相关日本书籍，我成功地撬开了这个秘柜。中国著名哲人林语堂有一句很睿智的话，意思是说，同一本书，在人生的不同阶段去读，会获得不同的体会。此话诚然！所有杰出的著作都值得再读，并再次获得收益与快乐。

自从第一本书出版以来，我又重读了我原先掌握的许多蜡烛图理论书籍和资料，获得了新的认识。此外，我又获取并翻译了许多日本的新资料，扩大了我和更多日本技术分析师之间的交流。当然，我也从蜡烛图使用实战经历中学到了新的东西。这些新的、有价值的认识将在本书中详细介绍。

我的第一本书聚焦于期货市场。时至今日，蜡烛图理论的应用已经跨越期货市场，进入股票、债券、外汇市场，而且全球各地都在用。因此，本书包含的图片数量与种类也就大大超过了第一本书。

有时候，单根蜡烛图就包含了非常重要的信息。日本人有句话"一叶知秋"，同样，单根蜡烛图也可能是市场转向的第一个征兆。在本书中，我探讨了一个相关问题：如何从单根蜡烛图感觉市场的状态。

看到市场对蜡烛图如此着迷，当然是令人激动的。但是，人们经常忘了一点：一根有信号价值的蜡烛图的出现仅仅是交易中要考虑的一个方面，其他方面，例如潜在风险与收益比例、某个蜡烛图形态在整个市场技术图形中的位置，也必须认真观察思考。这个问题非常重要，我也因此用了一个完整的章节专门予以讨论。

在对日本交易技术坚持不懈的研究中，我又发现了在日本非常流行而在西方不为人知的三种画图技术，分别是"三线反向突破图""钥匙图"和"砖形图"，本书的"下篇"将对它们进行探讨、介绍。

在美国当年的动物毛皮交易时代，有家著名的哈德逊湾贸易公司，其以偏好风险及准备充分而闻名。商人满怀激情地上路，但为了避免忘了准备工作而悔之莫及，他们会在第一个晚上在总部以外几公里的地方安营扎寨，然后反思一下自己究竟在哪些方面还准备得不够充分。换句话说，他们强调充分的准备，以免陷入尴尬。

在第2章和第3章中，我也做了细致的准备工作，即介绍蜡烛图基础理论与形态的基本概念。对蜡烛图新手来说，这部分内容为其蜡烛图分析打下了一个基础。

读者中的许多人想来已经熟悉蜡烛图的基本知识。为此，第2章和第3章也提供了蜡烛图理论的深层次知识，揭示了一些新的蜡烛图理论、技术和工具。因此，熟知蜡烛图的读者也能对蜡烛图的威力获得新的认知，学会新的观察视角。例如，我在第3章中描述蜡烛图形态时，提供了一系列独特的视觉化语汇。这种画线方式能为蜡烛图形态分析提供一个全新的视角。与我一起摸索了蜡烛图的魅力与威力以后，你将再也不愿回到条形图时代。

不同于第一本书，本书不会列示所有的蜡烛图形态。但是，我有时也会提及在第一本书中讨论过的一些比较隐晦或者比较少见的形态，这也是为了那些熟悉所有蜡烛图形态的读者考虑。如果你没有听说过那些形态，也不用担心，它们不足以妨碍你理解我对这些图形的讨论。

本书呈现了大量的图片，能让你非常直观、清晰地理解如何让蜡烛图改善你的交易、改善你的选时能力、改善你的投资。本书有一个一以贯之的观念，即蜡烛图可以和任何其他技术分析形式结合起来使用。为此，我引用了许多图形来解释如何充分发挥蜡烛图独立使用时的威力，也常常提到如何将蜡烛图与其他技术工具结合起来使用。

识别蜡烛图形态固然重要，理解蜡烛图与整个技术面的关系同样重要。第4章集中探讨了这个非常重要却又常为人忽略的方面。在第4章中，我讨论了为什么蜡烛图交易必须考虑潜在风险与收益比例、设定止损价位、观察整体趋势。我还强调了以变应变，顺着市场条件变化修正判断的重要性。

在讨论蜡烛图交易以前，我想澄清几点：在期货市场上，卖空与买多一样常见，但股市并非如此；大多数股市交易者只会买多，然后择时卖出。本书使用"做空""卖出"等词汇讨论股票交易时，不必理解为卖出既有多头头寸，而是可以考虑在这种价位或这种时机卖出"备兑认购期权"⊖，或者提高止损位，或冲销全部或部分头寸。

但是，本书所讨论的不只是蜡烛图。在"下篇"中，我揭示了差异指标、三线反向突破、砖形图和钥匙图。这些技术在日本非常流行，在西方几乎不为人知。与蜡烛图技术不同，这些技术的相关著述很少，在日本也是如此。

差异指标是将收盘价与移动平均数相比较而得出的数据，其使用方式与双平均线一样，但也有一个重要差异。三线反向突破、钥匙图和砖形图在日本交易员中非常流行，它们都是卓越的市场工具，可以帮助判定市场趋势。

不管你是单独使用本书讨论的各种市场分析技术，还是将其结合起来使用，只要你充分发挥它们强大的潜在威力，你都会占据非常有利的位置。

⊖ covered calls，指如果在某个时期内，你手中的某只股票到达某个价位，你就必须卖出，如果达不到这个价位，就不必卖出；对购买这种期权的人而言，这是一种权利，对你来说，这是一种卖出义务，所以这里译为备兑认购期权。如果到时没有达到这个价位，你就不必卖出，但白赚了这个期权的钱。——译者注

| 第 2 章 |

基本知识

「见微知著。」

蜡烛图的历史

日本人最早发明了技术分析手段,并将之用于稻米期货交易——全球最早的期货市场之一。这个市场开始于17世纪。值得注意的是,稻米期货市场的发生,是出于当时日本国内的战事需要。

长期以来,日本封建领主(称"大名")之间战事不断。经过长达一个世纪的内战,德川家康在1600年赢得"关西大战"的关键性胜利。凭借这次战役的胜利,他统一了日本,将首都迁往江户(现在的东京),成为统领全日本的第一代幕府大将军。作为胜利者,德川家康很聪明地命令各地的领主迁居江户,在领主返回自己的领地期间,其家人必须留在江户当人质。领主的经济来源是租种其土地的佃农所缴纳的稻米税收。由于这些稻米很难由领地直接送至遥远的江户,因此他们纷纷在港口城市大阪建立稻米仓库。

原先富甲一方的大名群集江户后,很自然地开始了比富,比住宅、比服饰,攀比成风。这种风气反映在当时流行的一句俗话中:"江户人赚的钱,难得留过夜。"可见大名当时奢侈的生活方式。为了维持这种生活方式,大名销售存放在大阪的稻米,有时甚至销售未来的收成。各仓库为这些未来的稻米发行收据，这些收据被称为"空米合约"（之所以称"空米"，是因为这些稻米还没有以其物理形态处于任何人的掌握中），在二级市场出售，由此，全世界最早的期货市场之一起步形成。

稻米的期货交易引发大量投机，日本技术分析就是由投机行为催生的。在这个稻米期货市场中，最著名的交易者是18世纪的本间宗久。他发现，一方面，稻米的供给与需求之间存在联系；另一方面，市场也受到交易者情绪的强烈影响。正因为如此，有时候市场对于稻米收成的判断与实际情况存在差异。他由此推断，研究市场情绪有助于预测价格。换言之，他认识到稻米的价值与价格之间存在差异。几个世纪前稻米市场上的这种价值与价格差异同样存在于当今的股票、债券与货币市场。

在我翻译过的一些书籍中，常将蜡烛图称为"酒田图形"，想必是因为本间宗久居住在港口城市酒田。然而，我的研究表明，本间宗久应该没有使用过蜡烛图。如后面蜡烛图的发展历史讨论所示，蜡烛图应该形成于日本明治时代早期（19世纪后期）。

是不是本间宗久发明了蜡烛图，目前没有确切的证据。而是不是某个像本间宗久这样的个人发明了某种图形或者利用它进行交易，这个问题并不重要。西方总是习惯于把某种创造归功于某个具体的个人。我们现在所知道的蜡烛图和相关技术，更有可能是多人经过多代的努力逐渐发展而来的。即使不是本间宗久发明了蜡烛图，但他确实懂得，对市场的心理层面的把握是交易成败的一个关键因素。有证据表明，最早的技术分析形式关注的是市场心理而不是市场图形。

据称本间宗久所著的《黄金泉——三猿金钱录》一书有言："经过60年日日夜夜的研究之后，我终于逐渐获得了对稻米市场走势的深刻理解。"后面接着又有文字道："市场一片悲观时，价格上涨的动因已经构成；一片乐观时,价格下跌的动因已经构成。"这句话与目前许多交易者非常重视的所谓"反向理论"遥相呼应。而《黄金泉——三猿金钱录》写于1755年,也就是说,在美国诞生以前,日本人就已经开始运用反向理论进行交易,实在令人惊讶!这本书的书名曾经令我困惑多时,我不明白这"三猿"所指为何。后来我在自己翻译的某些文献中看到,有人把成功交易的前提比作要达到少年时期我们熟知的那三只猴子的境界——不见邪、不听邪、不言邪。我终于明白《黄金泉——三猿金钱录》的书名说的是交易者如果希望抵达"黄金泉",必须具备这三只猴子的三种特性。具体来说如下。

"不见邪":当你看见多头(空头)趋势时,不可陷进去,而要将它视为卖出(买进)的机会。

该书强调,阴线与阳线会不断地轮替,也就是说牛市中有(酝酿)熊市,熊市中也有(酝酿)牛市。这可以说明,为什么日本蜡烛图理论如此重视反转,远超过它对连续性和形态的强调。

"不听邪":当你听见利空或利多消息时,不要依此进行交易。

不要在消息放出后,立即开始交易,比较安全的做法是,判断市场对于该事件的反应,然后决定自己的行为。百万富翁、美国总统顾问、股市投机大师伯纳德·巴鲁克(Bernard Baruch)曾经说,市场波动中重要的"不是事件本身,而是对事件的人性反应"。图2-1可以说明,市场对消息的反应也许和消息本身一样重要。

1990年8月初,伊拉克战争爆发,但黄金价格却停滞于425美元,这个价位是当年早些时候就已创出的新高。尽管中东发生战争,黄金却无法向上突破前高,这个该涨不涨的现象透露出明确的市场信号。注意:"该涨不涨"时,我们就必须绷紧警惕之弦。受阻于425美元后,黄金失色,两个月内价格回落到中东危机前的360美元附近。

图 2-1　观察市场对基本面消息的反应——黄金市场（1990 年 12 月，日线）

另外，我们还要注意日本人所谓的"耳语战术"——散播假消息来欺骗市场内的其他交易者。应该远离传言困扰的市场。牛顿曾经说过："我可以计算出天体的运行，但无法计算人的疯狂。"何必与疯狂纠缠呢？

"不言邪"：不要对别人说起你未来的市场行为。

你有没有这种经历？根据你个人的分析，你决定买进。当你将此决定与别人讨论时，他们总是会提出某些否定的意见。由于你本来就无绝对把握，别人的意见更会让你紧张不安，于是决定放弃。结果，行情强力上扬。

如果你已经仔细地做了研究，便不应该再与别人讨论你的计划，除非你认为对方的洞察力高于你自己，你应该只根据市场本身来决定你的方向。《黄金泉——三猿金钱录》中我最喜欢的一句话是："如果希望了解市场，应该向市场请教，只有这样你才能够成为卑鄙的市场恶魔。"说的是不是很精彩？想做"卑鄙的市场恶魔"吗？日本技术分析方法之所以刺激，原因之一就是它使用的语言非常生动。

现在，让我们讨论图 2-2，它显示的是蜡烛图的演化过程。

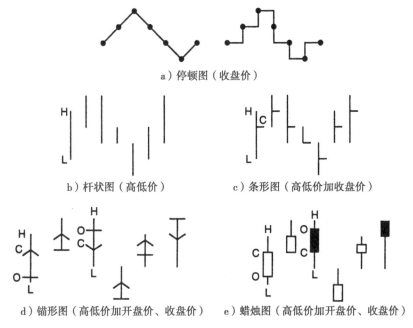

图 2-2　蜡烛图的演化过程

蜡烛图的演化过程

停顿图（stopping chart）又称"点状图"（point chart）、"线形图"（line chart）或"星状图"（star chart）。这是最早的市场形态图形，由收盘价连线形成。之所以称为"停顿图"，是因为价格停顿于收盘价。在停顿图中，各点之间可以用直线连接，也可以用折线连接。

杆状图（pole chart）因形状类似旗杆而得名。这种图形呈现各交易时段中的最高价与最低价之间的距离而增加了精确的信息，它不但显示价格走向，而且显示每个交易时段的波动幅度。

条形图（bar chart）是停顿图与杆状图的结合。

锚形图（anchor chart）因形状类似船锚而得名。根据野史记载，这种图形起源于享保时代（起始于1716年），之所以用"锚形"这个名字，是因为当时稻米交易商的实际会面地都是港口城市。

锚形图是市场图形技术发展中的一个重要成果。除了最高价、最低价与收盘价以外，这种图形还增加了开盘价。开盘价与收盘价之间关系的直观显示，是日本技术分析中非常重要且独特的地方。在锚形图中，垂直线段的两端分别代表最高价与最低价，横线代表开盘价，而箭头代表收盘价。若收盘价高于开盘价，箭头朝上。反之，则箭头朝下。

蜡烛图由锚形图改进而成。尽管有关其形成仍有种种谜团未解，但我们判断，它很有可能出现在明治时代（起始于1868年）早期。如图2-2e所示，蜡烛图改善了锚形图，相比后者而言，蜡烛图将实体部分绘为黑与白两色，可以帮助交易者更直观地把握潜在供求双方的情况。

蜡烛图诞生以后，日本技术分析进入全盛时代，人们开始研究信号与策略，以帮助交易决策。人们研究出种种图形组合形态，市场预测变得更加重要。19世纪70年代，日本创设股票市场，市场预测变得更加重要。

从图2-2中可以看出，条形图是更先进、更有效的蜡烛图的老祖宗之一。本质上来讲，仍然采用条形图的大多数西方交易者，其绘图方法落后于日本人。

蜡烛图的结构

要掌握蜡烛图理论的巨大威力，首先必须学会其绘制方法。图2-3与图2-4告诉我们，一根蜡烛图通常由一个柱状体与其上下两头的细线所构成。由图形我们可以得知蜡烛图名称的由来，因为它的形状如同两端点燃的蜡烛。蜡烛图的矩形部分称为实体，实体的上下两端分别代表交易时段的开盘价与收盘价。收盘价低于开盘价时，实体绘为黑色。反之，收盘价高于开盘价时，实体绘为白色。⊖

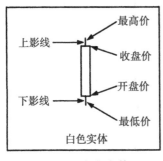

图 2-3　白色实体

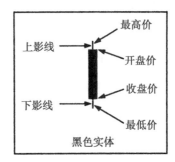

图 2-4　黑色实体

实体上面与（或）下面的细线称为影线，影线代表交易时段的极端价格段。实体上面的影线称为上影线，下面的影线称为下影线；上影线的端点代表该交易时段的最高价，下影线的端点代表交易时段的最低价。

蜡烛图适用于不同的时间周期——日、周、月、年等，交易者可以利用它来绘制日线图、周线图与分时（不满一天的，如小时、半小时、5分钟等）图。以日线图来说，所采用的价格是每天的开盘价、最高价、最低价与收盘价。以周线图来说，所采用的是每周一的开盘价、周内的最高价与最低价以及每周五的收盘价。同理，在分时走势图中，每根蜡烛图根据分时段（例如每小时）的开盘价、最高价、最低价与收盘价来绘制图形。

图 2-3 显示的是一个强劲的交易时段，开盘价在最低价附近，收盘价在最高价附近；图 2-4 是一根长黑实体，代表弱势，因为开盘价接近最高价，收盘价在最低价附近。

日本技术分析非常重视开盘价与收盘价之间的关系。这很有道理，因

⊖ 黑色实体在中国绘为绿色，白色绘为红色。——译者注

为开盘价与收盘价在每天的交易中均属于最重要的价格。美国的报纸仅刊载期货的开盘价，而不报道股票的开盘价，这种做法令人不解。有一位日本技术分析师协会的会员告诉我，他发现美国报纸不公布股票开盘价的做法与日本不同，有点出乎意料。他不明白美国何以如此轻视开盘价。

我认为，鉴于当前几乎所有技术分析软件供应商都提供蜡烛图绘图软件，随着蜡烛图在股市的不断普及，报纸也许会顺应市场的需求而报道开盘价。在此之前，要绘制蜡烛图，我们仍然需要依赖数据供应商所提供的价格资料（开盘价、最高价、最低价与收盘价）。数据提供商可以用磁盘或者在线提供数据。我们可以将这些数据输入技术分析绘图软件，由软件将它们转化为图形。

请注意：某些数据供应商实际不提供每天真正的开盘价，而是将前一天的收盘价当作当天的开盘价。在我看来，这是不妥的。尽管股票的开盘价与前一天的收盘价通常不会有太大的差异，但我们还是应该尽可能采用真正的开盘价，因为如果某日明显高开或低开（相比于前一天的收盘价），这将是一个不容忽视的市场信号。

实体与影线

我们虽然不应该依据单根蜡烛图进行交易，但实体的长短与颜色，以及影线的长度，通常可以提供许多信息。具体来说，观察实体与影线，便可以对市场的供需状况有所感知。本节将讨论这方面的基本概念，说明如何依据蜡烛图的实体与影线来研判市场的潜在强弱。根据下列蜡烛图组合形态讨论，你将可以察觉行情变动的早期征兆。

实体

在日本蜡烛图中,即使是单根蜡烛图也有其深意。考察市场活力的第一个线索便是实体的长度与颜色。对于日本交易员来说,实体部分是价格走势的本质部分,这是蜡烛图技术的关键优势所在,只需根据实体的长度与颜色,即可掌握多空双方的相对力量。

本节将分别根据实体的不同长度进行讨论。首先讨论长白实体与长黑实体,其次讨论实体很短的纺锤线(spinning tops)。实体很短代表多空之间处于拉锯阶段。

最后将讨论没有实体的线形。这种开盘价与收盘价相等(或几乎相等)的线形称为十字星,反映市场处于转换阶段。十字星有时候是一种重要的信号。

长白实体

长白实体是指某交易周期开盘于最低价(附近),收盘于最高价(附近),且收盘价明显高于开盘价。如果开盘价是 40 美元,收盘价是 40.625 美元,不属于长白实体,因为开盘与收盘接近。根据日本蜡烛图技术交易员的看法,一根具有明显意义的长白实体,其实体的长度至少应是前一天实体长度的 3 倍。

低价区的长白实体

一般来说,单根蜡烛图很难提供构成趋势反转的充分理由,但可能是趋势发生变动的早期征兆。以图 2-5 为例,一根长白实体出现在低价区,可能是底部的第一个信号。长白实体代表该交易时段的价格上涨几乎没有受到空头的打压,收盘

图 2-5 低价区的长白实体

价越接近最高价，实体越长，该线形所代表的意义越重要。

图 2-6 显示，1991 年年底，股价在 5 美元附近整固，多头试图取得控制的第一个征兆，是标示为（1）的一根很长的白实体，相对于前交易周的蜡烛图，其长度明显增加。然而，隔周又立即出现一根差不多等长的黑实体（对"长黑实体"的讨论请参考下面的内容），表示空头仍足以抗衡多头力量。1992 年年初，出现另一根很长的白实体（2），这一长白实体以最低价开盘（没有下影线），并以最高价收盘（没有上影线），其长度显示该周走势异乎寻常的强劲。随后又是一根长白实体（3），创数月新高。由于长白实体（1）与（2）都出现在 5 美元附近，我们可以看出 5 美元是个支撑位。当 1992 年 7、8 月价格向下修正时，卖盘力量止步于 5 美元附近。

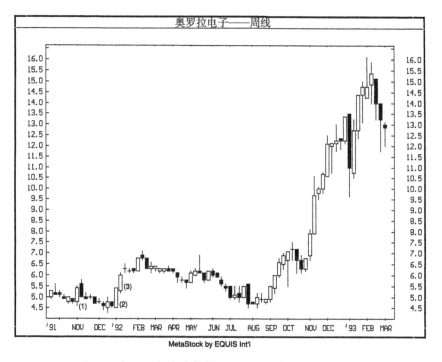

图 2-6 低价区长白实体蜡烛图：奥罗拉电子——周线

长白实体确认的支撑

如图 2-7 所示，一根长白实体由支撑位向上反弹，显示多头强劲。如果长白实体反弹所依托的是趋势线、移动平均线或价格回调区域等重要支撑位，即可再次确认该支撑的有效性。

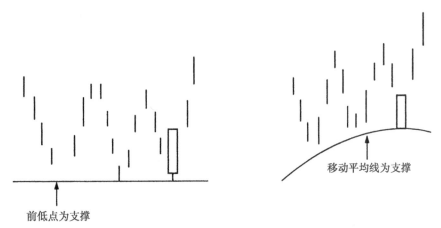

图 2-7　长白实体确认支撑

在图 2-8 中，我们发现蜡烛图的支撑线绘制方法与条形图相同。在本例中，支撑线由低点相连而成，即将下影线的下端连接起来。这条向上倾斜的趋势线经受了数次考验。在 1 月下旬，一根长白实体由支撑位向上强劲反弹，显示多头在支撑位的强烈买进意愿。

长白实体突破阻力

图 2-9 显示，一根长白实体穿越阻力位的形态，可以证明市场势头强劲。在图 2-10 中，标示为 A 与 B 的两个高点显示 44 美元与 45 美元附近为阻力位。11 月下旬，一根向上跳空的长白实体突破这个阻力位。这根蜡烛图的开盘价在低点附近，并以最高价收盘，实体的长度极长，确认这是一个

有重要意义的突破。还可以看出，这根长白实体之前所形成的缺口，成为后来的重要支撑。我们在第 3 章讨论缺口（窗口）时将再探讨这方面的问题。

图 2-8　长白实体确认支撑：General Re——日线

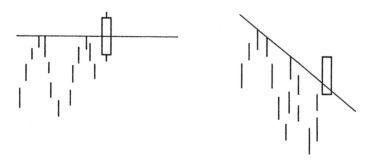

图 2-9　长白实体突破阻力

图 2-10　美国银行——日线

长白实体构成支撑

在图 2-11 中，长白实体是令人激动的市场信号之一，它构成支撑。我发现这是一个非常出色的研判工具，因为它能让交易者注意条形图不能显示的支撑区域；行情一旦向下修正，会在这个长白实体的中点或蜡烛图底部（下影线的下端）获得支撑。根据日本文献的说法，涨势中的长白实体构成支撑，而根据我个人的经验，下跌市场中，长白实体也有支撑功能。在一根长白实体之后，价格很容易出现回抽，因为行情可能处于短期超买状况（即价格在短期间内上涨过速）。在这种情形下，价格可能需要跌去部分涨幅，以缓解超买状况。

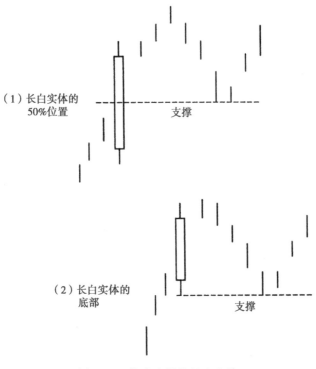

图 2-11　构成支撑的长白实体

图 2-12 显示，1992 年年初出现了一根超长的长白实体，将价格由 10.50 美元推升到 15 美元左右，一周涨幅几乎为 50%。在这种巨幅上涨之后，市场进入整固也在情理之中。根据长白实体构成支撑的观念，这根长白实体的中点 12.50 美元（箭头标示处）应该可以作为支撑点来考察。在 1992 年此后的交易中，价格始终维持在这个支撑位之上，反映市场动能强劲。

图 2-13 显示，长白实体（（1）～（4））的低点可以作为回抽走势的下档支撑。值得注意的是，1992 年 9 月，作为支撑的蜡烛图（3）的低点被突破，但卖盘止步于蜡烛图（2）的低点这个支撑位。这个图形还说明了另一

个重要的理论：当突破发生时，依赖蜡烛图的交易者应该等到一个交易周期的收盘价打破支撑位后再来确认突破的有效性。在本例中，蜡烛图（3）的低点所构成的支撑在1992年年中曾经在周内被突破（x点），但当周的收盘价又拉回到这个支撑位之上。蜡烛图（4）也是如此（突破发生在图中的y处）。在这两种情况下，由于周五的收盘价都拉升到支撑位之上，所以支撑仍然有效。

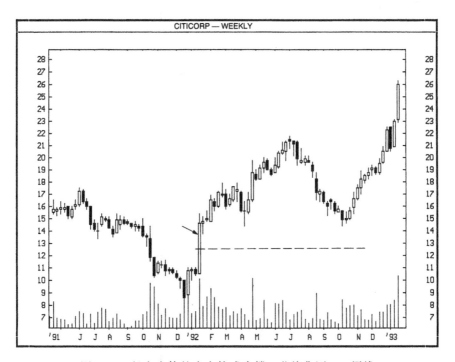

图2-12　长白实体的中点构成支撑：花旗集团——周线

在图2-14中，箭头所标示的长白实体（发生在4月上旬）的低点为109.22美元，接近110美元，表明这个价位可以被视为支撑位。这个例子再度显示，以收盘价确认支撑位是否被跌破非常重要。

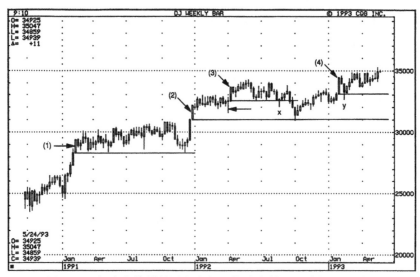

图 2-13 长白实体蜡烛图的底部可构成支撑：道琼斯——周线

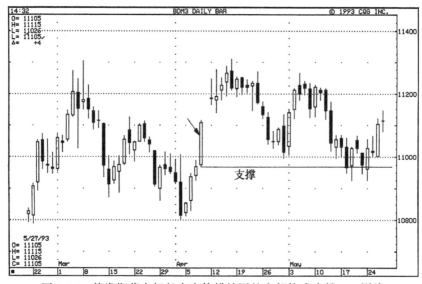

图 2-14 债券期货市场长白实体蜡烛图的底部构成支撑——周线

依据长白实体构成支撑这个概念进行交易的方式之一是，当价格回抽到长白实体的中点附近时进场买进，从这个点到长白实体的低点构成支撑区域。如果收盘价跌破该支撑位（即该长白实体蜡烛图下影线的底端），应该重新考虑你的多头头寸。有时支撑位会在交易周期的某个时段被跌破，但收盘价拉回至支撑位以上，这种情况可以认为该支撑继续有效。

一位机构客户告诉我说，他发现在出现长白实体之后，行情有时会出现修正。我告诉他，这在情理之中，因为在出现长白实体之后，市场往往处于超买状态，所以很容易遭打压。我建议他将长白实体视为支撑，在回抽时买进。巧合的是，11月23日，当我们讨论这个问题时，债券市场的第一个小时交易刚结束。一小时的走势在图2-15中标示为②，构成一根长白实体。由于这位客户当时从事债券交易，我建议他可以将这根长白实体的中点以下（包括下影线在内）看成支撑。另外，我指出，前一天的第一个小时也是一根长线（标示为①）。蜡烛线②验证了蜡烛线①底部的支撑作用，显示114.16附近的强劲支撑力量。请注意后来的走势，价格在拉回到蜡烛线②实体的中点以后，便展开一波上攻。

图2-15 在长白实体中运用支撑位

高价区的长黑实体

低价区的长白实体有可能是努力构筑底部的信号；同理，高价区如果出现长度明显大于先前数根蜡烛线的长黑实体则有可能是顶部信号。这根蜡烛线的实体必须明显长于此前几根。在图 2-16 中，长黑实体代表空头已经取得盘面的控制权。先前的涨幅越大，超买的情况越严重，这根长黑实体作为谨慎信号的可靠性就越强。

在图 2-17 中，标示为（1）的长白实体显示市场强劲，但有多个预警信号表明，家得宝的股价有一些过热。首先，相对强弱指标（RSI）已经向上穿越 70%。偏高的 RSI 代表市场可能处于超买状况。多头正在失去动能的另一个信号是：在长白实体（1）出现以后，又出现一系列实体很小的蜡烛线，它们表示，相对于长白实体（1）时期，市场的供需处于相对均衡状态，而长白实体（1）显示的是需求严重超过供应。本章稍后会进一步讨论连续小实体蜡烛线。

图 2-16　高价区的长黑实体

图中的长黑实体（2）显示，空头已经夺取盘面的控制权。请留意这个长黑实体的长度，至少是 1992 年 11 月以来最长的黑实体。这是一个严重的预警信号：市场将要发生重大变化，应该采取适当的防卫措施，即使不卖出股票，也要卖出所持有股票的到期到价买入期权⊖，或对冲（了结）部分的多头头寸。熟悉蜡烛图形态的交易者，应该可以看出长白实体（1）与长黑

⊖　简单来说就是，你可以卖出在某个时间段某个价位买入该股票的权利，如果到时股票没有达到这个价位，你就平白赚了这份期权的收益。——译者注

实体（2）构成了空头塔顶。

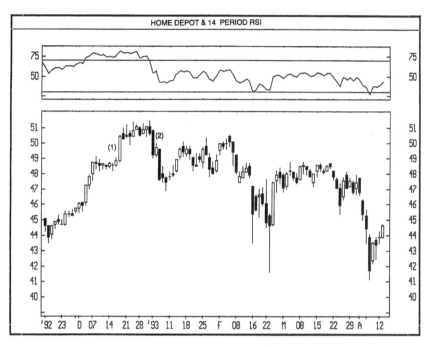

图 2-17　高价区的长黑实体与相对强弱指标：家得宝——日线

长黑实体确认阻力位

如图 2-18 所示，如果市场以一根长黑实体形态由阻力位急剧下跌，可以确认该阻力位的有效性。因为这种蜡烛图代表多头已经撤出，或空头已经非常强劲，足以压倒多头。不论是哪一种情况，都代表市场可能走熊。在图 2-19 中，135 日元处有明显的压力，图中横线对此表露无遗。图形中的箭头所指的第一根长黑实体，显示价格到此不能再上升，长黑实体的长度表明多头大规模撤退，明确发出谨慎信号。两周后，出现另一根更长的黑色实体，表明空方能量超凡，足以进一步打压市场价格。

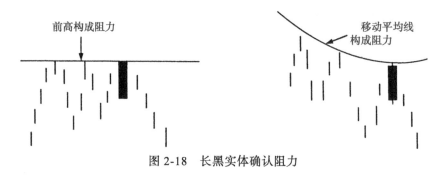

图 2-18 长黑实体确认阻力

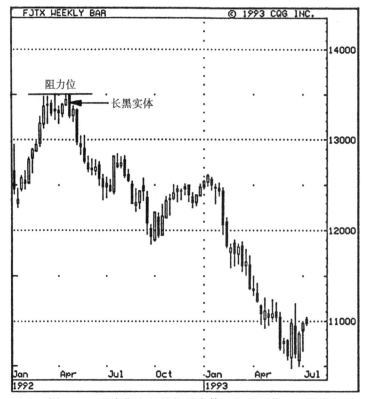

图 2-19 阻力位出现的长黑实体：日元现货——周线

长黑实体突破支撑

图 2-20 中市场向下突破支撑的方式，表明了该突破的严重性。此例意

在说明，假定市场是以长黑实体向下突破支撑，其代表的空头力量强过收盘以小黑实体或白线方式向下实现的突破。

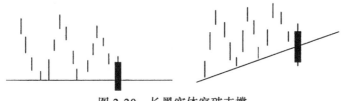

图 2-20　长黑实体突破支撑

日本与美国的股民特别关注的一条长期移动平均线是 200 天移动平均线。在图 2-21 中，1992 年年底～1993 年 1 月，200 天移动平均线始终扮演重要的支撑角色。蜡烛线（1）的长黑实体代表突破的第一个征兆。虽然当天的收盘价仅稍低于 200 天移动平均线，但这是一个预警。隔天又出现另一根长黑实体（2），完全突破了 200 天移动平均线的支撑。

图 2-21　长黑实体突破移动平均线：Amgen——日线

长黑实体构成阻力

长白实体可以构成支撑，同理，长黑实体可以构成压力（见图 2-22）。在图 2-23 中，长黑实体（1）向下突破上升支撑线。我们可以发现，长黑实体（1）与 6 周前的长黑实体 X 构成一个阻力区，一旦价格反弹到这个区域，可了结多头头寸或卖空。

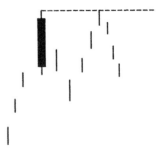

图 2-22 长黑实体构成阻力

图 2-23 长黑实体构成阻力：Upjohn——周线

如图 2-24 所示，1991 年下半年价格暴涨，形成一根长白实体。现在我们用长实体理论说明这种市道中的交易策略。由于长白实体的中点可以视为支撑位，所以价格回抽到这个区域附近时（图中（1）～（4）点），可以看作早期买入信号。现在关注价格目标，我们可以根据1991年9月的一根长黑实体来设定（箭头处）目标位；换言之，后续涨势可能受阻于这根长黑实体的顶部。虽然多头最终成功突破了这个阻力位，但所耗费的时间长达一年以上。所以，在价格拉回到长白实体的中点附近买入，并把9月的长黑实体视为最低目标位，是一个有效的交易策略。

图2-24 长黑实体构成阻力位：Amex——周线

实体的大小、频率与颜色

比较一组蜡烛的相对高度、频率与颜色，可以判定市场状况。在图2-25中，长黑实体（1）是第一个不祥之兆。请注意，它是一根久违的长黑实体。紧接着出现一根更长的黑实体（2），这是明显的预警。此后价格持续下跌，直到2月的长白实体（3）为止。这根白线的长度为数月之最，表明大牛强力进场。看一下后面的走势可以发现，2月的这个长白实体的中点成为后来小规模反弹的一个支撑。

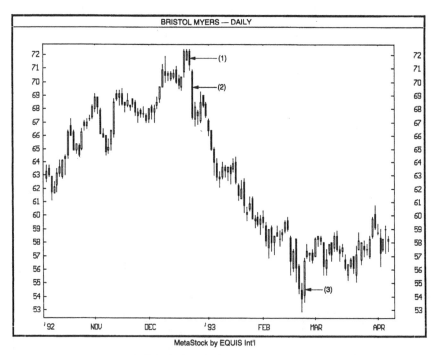

图 2-25　实体的大小和颜色：Bristol Myers——日线

在图 2-26 所标示的方框内，是一组横盘的蜡烛，如果画成条形图，多空力量对比很难反映出来，但这组蜡烛反映得比较清晰。方框内的蜡烛线中，有 8 根黑线，仅有 4 根白线。另外，黑线的长度大多超过白线。由于黑色实体比较多，而且比较长，显示空头更占优势。经典的西方技术分析理论认为，在窄幅整理之后，市场将重拾先前的走势。在本例中，先前走势属于下降趋势，所以，这组横盘的蜡烛线组合所发出的信号，可以进一步证实西方理论的预测，随后出现进一步下跌走势的概率大大增加。

图 2-26 实体的相对大小、频率与颜色——1993 年原油走势

在下一节中，我们将讨论如何利用开盘价与收盘价的相对状况所包含的信息。在此之前，我们将讨论一下解读蜡烛线组合形态的新方法，这些方法将有助于阐明每一种蜡烛线组合形态背后的理论与市场行为。在本书中，每一种蜡烛线组合形态都可以通过四种方法来分析，如图 2-27 所示。

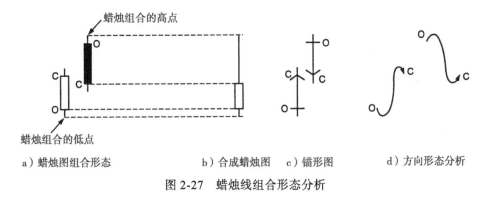

图 2-27　蜡烛线组合形态分析

图 2-27b 所示为合成蜡烛线（blended candle）——将整个蜡烛线组合形

态用一根蜡烛来表示。日本文献中有时也会采用这种方法，帮助判断某个形态的多空性质。合成蜡烛是把整个形态中的开盘价、最高价、最低价与收盘价绘制为单根蜡烛线。如图 2-27b 所示，合成蜡烛的绘制分四个步骤：

- 取整个形态中第一个交易时段的开盘价作为合成蜡烛的开盘价；
- 取整个形态中的最高价作为合成蜡烛的最高价；
- 取整个形态中的最低价作为合成蜡烛的最低价；
- 取整个形态最后一个交易时段的收盘价作为合成蜡烛的收盘价。

以图 2-27 为例，我们可以根据合成蜡烛判断图 2-27a 的排列属于空头排列，因为合成蜡烛的上影线很长，实体较小且位于价格区间的底部。

图 2-27c 是锚形图。如果交易者手工绘制蜡烛图，同时追踪许多市场，绘图的工作将是一个痛苦的负担。避开这个负担的方法之一（除了购买软件以外），是以锚形图取代蜡烛图。如前所述，锚形图也包括开盘价与收盘价、最高价与最低价，锚头向上代表收盘价高于开盘价（箭头位置为收盘价），锚头向下代表收盘价低于开盘价。

锚形图在视觉上的效果虽然不如蜡烛图，但比较容易绘制。锚形图的缺点是没有颜色，因此没有蜡烛图的黑白实体所提示的直观信息，但我们可以将锚头向上的蜡烛图绘为红色，而锚头向下的蜡烛图绘为黑色（当然，如果打印出来的话，除非有彩色打印机，否则输出的所有锚线都呈黑色）。

图 2-27d 是方向形态分析。为凸显蜡烛线组合形态所示的市场轨迹，我会加上箭头，来反映市场的基本分时行为。方向形态分析中的市场走势所显示的轨迹能够用于判断交易周期内的总体价格走势的简化工具。虽然这些轨迹可以显示交易时段内的价格发展线路，但无法显示价格发展的先后顺序。

以图 2-27a 中的第一根白线为例，根据实体与上下影线的关系，我们知道价格在该交易时段内曾经低于开盘价运行，但不知道这个走势发生在什么时候。图 2-27d 所绘制的轨迹似乎显示：价格是在开盘之后就往下运行，但实际上的价格走势可能并非如此。或许，价格在开盘后立即走高，此后才下跌到达低点。所以，在使用方向形态分析时，轨迹仅显示开盘价、最高价、最低价与收盘价之间的相对关系，不显示价格发展的先后顺序。

开盘价与前一蜡烛线实体的比较

蜡烛图有一个缺点，那就是必须有了收盘价才可以绘制，但可以使用一些方法来避开这个问题，其中之一是缩短蜡烛图的周期。举例来说，如果你通常根据日线图进行交易，那么有时候你也可在盘中小时走势图中找到所需要的交易信号，不需等待当天收盘后再做出判断。另一种方法是下面将详细讨论的，那就是对开盘价与前一蜡烛线实体之间的关系进行分析。

图 2-28a 显示，如果开盘价在前一根白线实体中点以下，行情呈空头态势。反之，如果开盘价在前一根黑线实体的中点以上，可视为一个积极信号（见图 2-28b）。对于比较激进、偏好风险的交易者来说，这是相当有用的概念，因为可以根据开盘价决定买卖，而不需等待收盘价。

这个技巧在股票市场中的适用性超过期货市场，因为期货价格的波动比较剧烈，开盘价更有可能远离前一天的收盘价（请注意，我们现在讨论开盘价位于前实体的下方或上方情况，这种讨论的前提是开盘价当然也远离前一天的收盘价）。而在股票市场中，这种情况的发生概率大大低于前者，因此其所代表的意义也更重要。

在图 2-29 中，Manville 的图形走势显示，1992 年年中该股的盘面出现三个不祥之兆。第一个是箭头所指的那根上影线很长的蜡烛线（下一节将详细讨论影线的意义），代表涨势在 11 美元附近被打压。第二个信号是下一个蜡烛的开盘价位于前一个白色实体的中点以下。第三个信号：再下一周，开盘跳空，完全确认市场走熊。

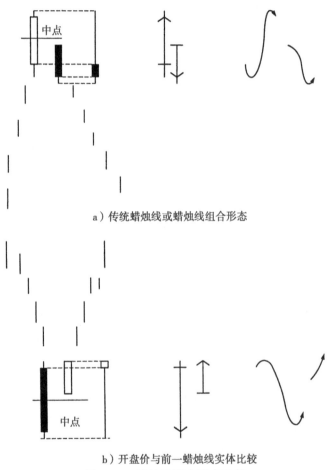

a）传统蜡烛线或蜡烛线组合形态

b）开盘价与前一蜡烛线实体比较

图 2-28　蜡烛线组合形态比较

在图 2-30 箭头所示的交易时段中，开盘价位于前一个黑线实体的上半部分，这一积极信号又被该交易时段的白色实体背后的大成交量所强化。这一成交量反映买盘力量强劲。

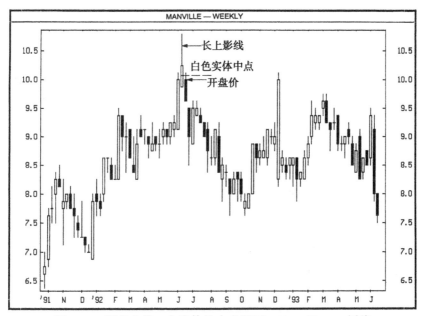

图 2-29 开盘在前一白实体的中点以下：Manville——周线

图 2-30 黑色实体中点上方开盘：Rubbermaid——日线

纺锤线

我们已经认识了长实体的信号作用。长白实体代表该交易时段内多头主导，长黑实体则代表空头占优。那么，如果实体很小，又代表什么呢？小实体表示多空双方正处于拉锯战中，供需状况相对长实体而言比较均衡。这种实体很小的蜡烛线为纺锤线（spinning tops），代表盘势上下两难，或如同日本人所形容的：市场喘息困难。

图 2-31 所示为纺锤线，尽管有很长的上影线和下影线。是否为纺锤线，取决于实体部分是否很短。纺锤线警示我们：市场正在丧失动能。如果纺锤线出现在新高点或其附近，尤其是在急升之后，有可能代表上涨动能不济，先前的涨势有可能停滞于此，投资者需要谨慎。

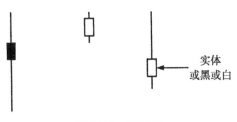

图 2-31 纺锤线

在图 2-32 中，7 月底的三根长白实体显示多头完全控制市场。可是，在这些长白实体之后，连续出现两根纺锤线，发出警讯：多头上升的力量可能难以为继。纺锤线的到来显示市场正在失去动能。随后又出现了黑色实体，更凸显了趋势反转的可能性。

筹码积聚与派发

蜡烛图最重要、最强大的优点之一，是可以与任何其他技术分析形式融合在一起。例如，我们可以根据一根蜡烛（纺锤线）与成交量结合起来，找出有关市场背后运作态势的关键信息。

积聚（accumulation）与派发（distribution）是价量关系中的两个重要概念，积聚发生在低价区：成交量放大而价格呆滞。成交量放大，代表空头全

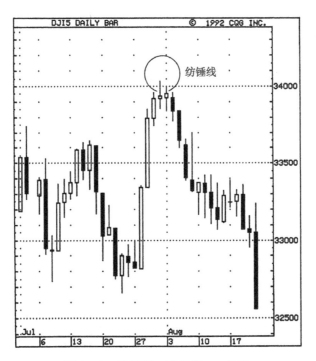

图 2-32 纺锤线：道琼斯——日线

力抢攻，投入所有的人力与火力。可是，呆滞的价格显示空头无法压低价格。空头所投入的筹码，都被多头接手。发生这种情况之后，空头要么打光所有的子弹，要么就此休战，停止打压。无论如何，结果都是一波上涨。

派发与积聚正好相反。派发发生在高价区，表现为成交量放大而价格几乎停滞不动。在这种态势的背后，是"聪明钱"正将筹码派发给所有入场买家。由于卖方所派发的筹码足以应付买盘的需求，所以价格停滞不涨。因此，派发应该视为见顶信号。

筹码的积聚与派发有一个共同的特征，即价格呆滞。纺锤线便是这些走势的标准蜡烛图（表现为开盘价与收盘价非常接近）。因此，将纺锤线与成交量结合在一起考量，就可以判断是否有人在积聚或派发筹码。

在图 2-33 中，1 月 12 日出现纺锤形蜡烛，同时成交量也明显放大。如前所述，在低价区，价格呆滞而成交量放大，是典型的积聚信号。本例中的放量纺锤线显示，卖方压力很容易就被化解。这一积极信号又被另一个信号所强化：出现纺锤线的交易时段内，价格一度创出新低，但空头无力守住这个阵地。

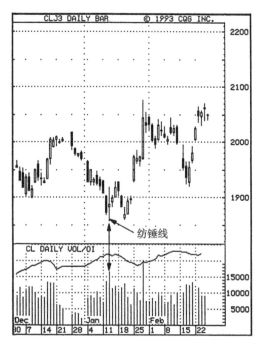

图 2-33　纺锤线与筹码积聚：1993 年的原油期货——日线

在图 2-34 中，6 月所出现的长白实体伴随着大成交量，就这个蜡烛图本身而言，它构成一个很强的多头动向，因为价格急升，而买盘强劲（反映在成交大量中）。可是，下一个交易时段的走势让人不安，因为出现了小实体（即纺锤线），而成交量（图中以圆圈所示处）虽然不是前一天那样的天量，但再看看图形底部的一组成交量，可以发现，相对于前几日，这仍然属于异乎寻常的放量。也就是说,这是放量的纺锤蜡烛。这代表什么意思呢?大成交量代表多头强力买入,但小实体,即纺锤形态代表空头强大,几乎可以压得多头无法动弹,这是典型的派发形态。此后出现了一系列小实体蜡烛线,进一步显示多头无法推升价格。请注意,纺锤线出现后的最长的实体是黑色的,它显示空头已经在市场上站稳了脚跟。

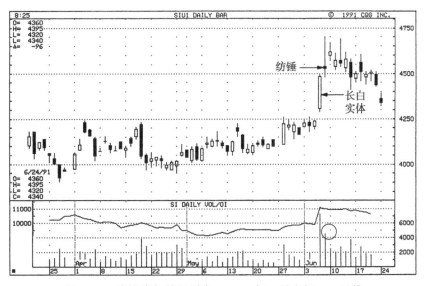

图 2-34　纺锤线与筹码派发:1991 年 9 月白银——日线

十字星

十字星是比较重要的单蜡烛图组合形态之一。如图 2-35 所示,十字星没有实体,取而代之的是一根横线,这是因为交易时段的开盘价与收盘价相等(或几乎相等)。如果当时的行情处于横盘之中,十字星既不能代表走熊的趋势,也不能代表走牛的趋势。从本质上讲,这个十字星从微观上反映了市场的犹豫不决,而更长周期内的横向走势则相对宏观地反映了同样的信息:市场举棋不定。但是,十字星如果发生在上升与下降趋势的成熟阶段，则较有可能是变盘的征兆。

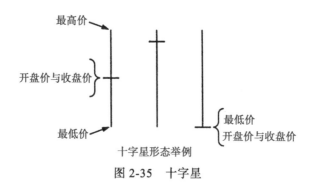

图 2-35　十字星

明确的上升趋势形成后，如果出现一个长白实体，而且此后又出现十字星，我们就需要特别警惕。不论该十字星位于长白实体上方的位置还是被这个实体"包头包脚"，其呈现的都是市场分歧。一方面，上涨趋势和此后出现的长白实体，表明多头仍然掌控局面；另一方面，十字星的出现，表明多头已经不能维持上升动力，如图 2-36 所示。

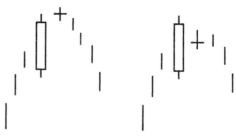

图 2-36　长白实体后出现十字星

如果交易日的开盘价与收盘价接近，但不完全相等，何种条件下才可以将其视为十字星？方法之一是将它与最近几个交易日的价格变动做一个比较。如果有许多根实体很小的蜡烛线，则近乎十字星的这根蜡烛并没有什么特殊的意义，因为其他交易日也出现了这么多小实体蜡烛或者十字星。

如前所述，如果十字星发生在上升趋势中的一个长白实体之后，则是值得注意的信号。这种情况表明（按日本人的说法）市场已经相当"疲惫"。另外，如图 2-37 所示，十字星的顶端（即上影线的顶端）经常意味着阻力。但是，如果十字星的顶点在此后被超越，则意味着上升趋势还将继续。有关的详细讨论请见下面的内容。

蜡烛图的使用者有个比较常见的错误，那就是将十字星直接视为买进或卖出信号。诚然，如日本人所言，十字星意味着"多空的十字路口"。十字星固然有可能意味着对先前趋势的反转，但交易者应该将其视为市场处于过渡状态的一个信号，而不是直接将它认定为反转蜡烛组合形态。因此，十字星出现以后，交易者应该等待一两个交易时段，等待行情变化的明朗化。

图 2-37　十字星可能构成阻力

如果十字星发生在弹升中，而此后行情继续强劲，则这个十字星应该视为走牛标志，因为这种组合表示市场已从十字星所示的过渡状态结束，转入新的趋势——上涨。所以，在一段弹升之后的十字星虽然有可能表示趋势即将反转（因为行情处于十字路口），但最好等待市场的进一步确认，等一两个交易日，看看是否有熊态确认信号，是否已经形成了顶部反转。对于见十字星卖出的投资者而言，十字星构成阻力位（见图 2-37），因此，一旦随后有交易时段收盘于十字星顶点上方，则应该认定（按日本人的说法）市场已经"从疲劳中恢复"。基于这个理论，上述见十字星卖出的投资者，应该在十字星顶点的上方设定买入止损点。在下降趋势中，十字星也具有相同的作用。具体说来，就是代表市场暂时处于犹豫之中，如果在十字星之后出现长白实体，表明市场已经结束犹豫，选择向上。在一段下跌行情后，如果有投资者见十字星而买进，则应把卖出止损点设在十字星的低点（下影线的下端）下方，因为这种十字星应该被视为熊市持续信号。

蜡烛图技术的最大魅力之一就是，尽管其原理非常简单，但可以提供关于行情状况的重要信息。十字星就是一个很好的例子，还有什么能如此明确地表达市场的均衡状态呢？这么一根简单的蜡烛线就已经充分显露牛熊均势状态，因此可以判定市场处于过渡期。这么一根蜡烛就传达了如此丰富的信息！

十字星技术的一个关键点⊖就是必须考察这个十字星在趋势中的位置。图 2-38 用来说明十字星与趋势的关系。在图 2-38a 中，在急升之后或超买状态中出现的十字星有可能是见顶信号。在图 2-38b 中，十字星出现于行情上升之初，其构成顶部的机会就要小一点。在图 2-38c 中，十字星出现在大跌之后，就可能是行情见底的信号。在图 2-38d 中，市场刚开始下跌，十字星之后，行情可能继续下跌。图 2-38 要说明的一个主要概念就是市场的超买或超卖情况越严重，十字星作为可能的反转信号的重要性就越大。

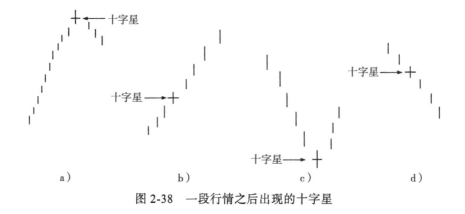

图 2-38　一段行情之后出现的十字星

从图 2-39 中我们看到，11 月初开始了一波弹升，接着出现一个长白实体，此后又有两个十字星。这两个十字星说明市场处于多空均势状态，这

⊖　这里原书有一句话：the plural of doji is also doji，意思是 doji 这个词的复数也是 doji，后面不加 s，这是对英语读者说的话，中译本应该去掉。——译者注

与前一个长白实体所反映的情况明显不同，长白实体表示市场富于活力、状态健康，多头控制局面，而这两个十字星表明（如日本人所说的）"行情开始背离其趋势"。

图 2-39　长白实体后出现十字星：Gap——日线

如前所述，十字星构成阻力。在这个走势图中，十字星出现之后没几天就出现了一个长黑实体（箭头标示处），这根蜡烛线也应该视为阻力位。因此，从十字星到这个长黑实体之间构成了 37～38 美元的阻力区。1993 年早期的上涨在这个区域受阻回落。

在图 2-40 中，箭头所指的十字星的开盘价、收盘价与最低价处于同一个位置。这种十字星被称为"墓碑十字星"，因为其形态犹如佛教风俗中放在墓碑处的木质牌位。有人会说，在墓碑十字星出现后，如果有交易者在高价买入，就会"死得很惨"，变成"冤魂"（另外，熟悉蜡烛图理论的人能够在图 2-40 中看到，这个墓碑十字星是一个蜡烛线组合形态——黄昏十字星——的组成部分。第 3 章将讨论黄昏十字星组合形态）。

图 2-40　墓碑十字星：1993 年 8 月天然气盘中分时蜡烛图

在图 2-41 中，数根实体很小的蜡烛（标示为（1））与十字星（标示为（2））发出了预警：市场正在丧失上升动能。此后，经过数周横盘，价格又在 1 月下旬创出新高，但有两个征兆显示上涨无法持续：一是有一个十字星（标示为（3）），表明行情虽然创新高，但涨势停滞；二是来自变动率摆动指标，图中的变动率摆动指标采用当天的收盘价与 10 天前的收盘价相比较得出。

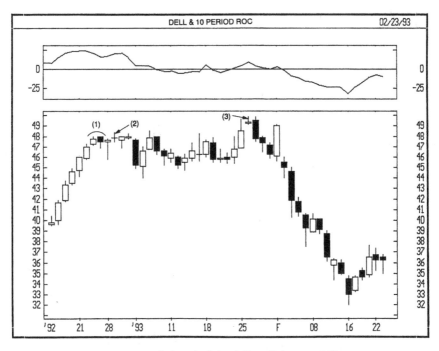

图 2-41 十字星与市场动能：戴尔——日线

在这个例子中，我显示的是 10 天的变动率，是当天的收盘价与 10 天前的收盘价的比较值。在涨势明确的行情中，变动率应该向上持续攀升，显示市场的动能随着行情上涨而不断增加。尽管这个新十字星（标示为（3））⊖创出新高，但变动率指标却低于去年 12 月高点之时。这显示市场上涨功能开始衰减。

这个变动率摆动指标帮助确认了这个新十字星的转熊信号。而第二天的长黑实体，则再次确认市场见顶。再过数天，变动率指标变负（有些技术分析师也视其为卖出信号）。这个例子可以说明，蜡烛图与西方的分析技术很容易结合在一起使用。

⊖ 注意：原书写的是（2），似有误。——译者注

上下影线

在蜡烛图中,实体被认为是最重要的部分,但上下影线的位置与长度也会透露大量信息。因此,在分析市场背后的心理时,也应该考虑上下影线的位置与长度。

一根长长的上影线,若发生在高价区、阻力区或超买区,就必须引起重视,因为这种蜡烛图暗示在该高价区域卖盘沉重或买盘不断"蒸发"。不论是哪一种情况,长长的上影线(见图2-42)有可能是走熊的一个征兆。反之,长长的下影线,如果出现在支撑区或超卖市道中,也有可能是一个重要信号,表示空头正在丧失控制权。

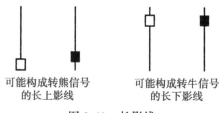

图 2-42 长影线

如图 2-43 所示,1992 年年初,在一个长白实体之后出现一个十字星,是一个不祥之兆。鉴于十字星构成阻力,在随后的两周中,市场反复受阻于这个十字星的高点;其后的两个交易周的蜡烛图都留下很长的上影线,显示 109 美元附近要么有凶悍的卖盘,要么买盘在这个高点附近蒸发。不论是哪一种情况,这些长长的上影线均显示上攻动能衰减。1992 年中期的下跌进一步确认了这个阻力位的重要性。

在图 2-44 中,蜡烛线 1、2、3 都是在 0.59 美元附近反弹向上,留下很长的下影线,显示这个支撑非常强劲,买盘意愿强烈。另外还要注意这个底部的构筑时间之长。在将近两个月的交易中,空头反复企图将价格打压在 0.59 美元以下,但均无功而返。一般来说,底部越宽,上升平台便越稳固。

图 2-43　长上影线确认阻力：Notionnel 债券——周线

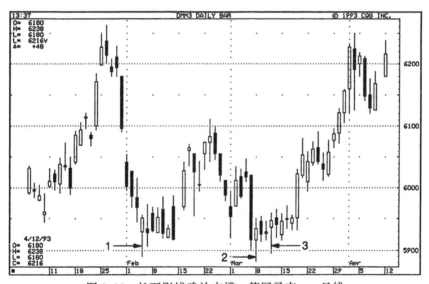

图 2-44　长下影线确认支撑：德国马克——日线

对于期货交易者来说，65 天移动平均线是一条常用的均线，它构成支撑或阻力。在图 2-45 中，65 天均线在 1 月上旬与 11 月上旬两度形成支撑。在 1 月对这个支撑位的市场考验中，蜡烛图留下很长的下影线，显示市场强劲并迅速在这个区域反弹的动能。熟悉蜡烛图的读者可以看出，图中第一根下影线很长的蜡烛线是"锤子"线。本书第 3 章将详细说明锤子蜡烛的信号功能。

图 2-45　长下影线确认支撑：标准普尔期货——日线

高浪线

上影线与下影线都很长的蜡烛图称为"高浪线"（high-wave candle，参考图 2-46），代表多空对峙的状态。如果在一段上升趋势或下降趋势后出现高浪线，日本人会说市场已经丧失方向感，如此则先前的趋势可能岌岌可危。同时带有很长上影线与下影线的十字星则称为"高浪十字星"或"长腿十字星"。

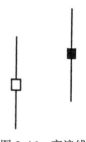

图 2-46　高浪线

图2-47中（1）、（2）、（3）分别标示了三根高浪线。高浪线（1）代表牛熊对峙均衡。因为此前的行情为熊市形态，因此这根高浪线的出现表示市场发出趋势变动的信号。随后出现两根白线进一步强化了这个变动信号。行情从高浪线（1）起开始上升，最后停滞于高浪线（2）。第二天行情以一个长黑实体的方式急挫，但随即又出现一根下影线很长的蜡烛线（X），显示前周的低点构成了很有吸引力的买入机会。价格又从蜡烛线X处开始上涨，但高浪线（3）又透露不祥的征兆。两天之后所出现的长黑实体，代表大熊已经气势汹汹地杀入，进一步确认了高浪线（3）是市场顶部反转信号的可能性。

图2-47　高浪线：1993年12月原油

| 第 3 章 |

蜡烛图组合形态

「众志成城，无往不胜。」

第一本书出版后，我又翻译了许多日本文献，结识了许多日本的交易员，同时继续与先前曾帮助过我的许多日本交易员进行交流。更重要的是，我又多了三年的操作实践。这样我就从多种渠道获得了新的认识，形成了新的观念，在本章中与大家分享。

本章不会讨论我在第一本书中所提到的所有蜡烛图组合形态。事实上，本章有两个目标。第一个目标针对蜡烛图新手，我为他们提供一些较常见且重要的蜡烛图组合形态，它们能为市场分析提供强大的工具。第二个目标针对熟知蜡烛图理论的读者，本章提供蜡烛图理论的新发展与新的交易技巧。本章对于图形的详细描述，各位须认真阅读，因为其中就包含了蜡烛图理论的某些新发展和新观念。

正如我翻译过的一本日文书中所述："市场参与者的心理、筹码的供需状况，以及买卖双方的相对强弱，都反映在某一单根蜡烛线或数根蜡烛线的组合中。"在本章，我将说明各种蜡烛线与蜡烛线组合形态的使用方法与市场意义，前后顺序以各组合形态中蜡烛线的数量为依据：首先讨论单根蜡烛，包括锤子线与流星线等。其次讨论两根蜡烛线所构成的形态，例如"乌云盖顶"与"双黑跳空"。最后讨论三根或以上蜡烛线所组成的形态，例如黄昏星与新高（低）组合。

单根蜡烛线所构成的反转形态

在第 2 章中我强调，上下影线的长度往往可以传达多空各自的弹性。在反弹中出现的一根上影线很长的蜡烛，显示空头可能有能力重新掌控市场。同理，在一波下跌中，一根长长的下影线能很直观地反映：某个交易时段中尽管创出了新低，但多方有能力让市场上行。

在本节讨论的单一蜡烛包括锤子线、吊颈线与流星线，它们都有很长的上影线或下影线，但是实体都很小，而且都接近蜡烛的高点或低点。如果使用蜡烛图帮助决策，这些蜡烛尤其重要。

锤子线

如图 3-1 所示，锤子线的下影线很长，收盘价位于或接近高点。锤子线的名称有两个含义：一是市场正在"锤磨底部"；一是底部坚实，即使以锤子敲打都不能砸破。

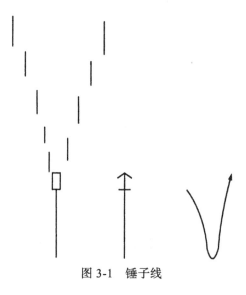

图 3-1　锤子线

要将一根蜡烛线认定为锤子线，必须确认它出现在大幅下跌之后还是严重的超卖市道中。锤子线是一个反转信号，也就是说此前已经出现了下行趋势，否则何谓翻转？如果发生在两三天的下跌走势之后，类似锤子线的蜡烛线通常没有特别的指示作用。由于锤子线必须出现在大幅下跌之后，因此由锤子线开始的反弹很可能遭受卖压，从而锤子线引发的第一波反弹常常以失败告终，行情有可能下探以重新考验锤子线的支撑能力。

因此，如何根据锤子线进行交易，取决于交易者的激进程度与风险偏好。某些交易者担心行情未必会回落重新考验锤子线的支撑，所以可能会在锤子线之后立即买进；另一些交易者则会等待市场回落测试锤子线的支撑，并在这个回落过程中买入。如果锤子线的支撑经受住了考验，那就意味着底部更为坚实，上行的概率更大。我有时建议客户采用如下的交易方式：当锤子线刚出现时，先少量做多试水，如果价格拉回，并成功证实锤子线的支撑，再加码买进，完成多头头寸的建立。不管如何使用锤子线进行决策，止损点（以收盘价为准）可以设定在锤子线低点的下方。

图3-2中有一个典型的锤子线，下影线极长，显示多方有很强的能力推升股价脱离底部。锤子线所引发的反弹在此后几个交易日内出现停滞，但此后的回抽确认了支撑。这种行情帮助扩大了底部，有利于准备更凌厉的涨势。

西方分析技术中有一种线形被称为"弹簧线"，很适合与蜡烛图结合起来使用。图3-3中，在价格突破支撑位后，空方无力将之压制在支撑位下方，于是出现了所谓的弹簧线。市场的这种情况证明，空头本来有机会控制盘面却最终失败，因此可以解读为转牛态势。上插线（upthrust）与弹簧线正好相反：价格向上突破阻力位，却不能维持在阻力位上方。

图 3-2　锤子线构成支撑：Amgen——日线

古代东方的一部兵书中讨论过一种佯动"胜略"。当敌情不明时，可以大张旗鼓地展开一波佯攻，以此发现敌军的意图。把这种观念套用在交易中，我们就会明白弹簧线的重要性。

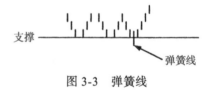

图 3-3　弹簧线

任何市场中的大鳄，都会试探支撑位与阻力位的力度，他们想知道一旦支撑位或阻力位被穿破后，市场会产生什么反应。这些交易者的试盘动作与前述的佯动战术一样，以大单打破支撑位（或阻力位），随后观察战场内的布置。价格接近支撑位时，其卖单也许足以把价格拉到支撑位之下，然后观察市场中隐藏的力量。如果支撑位跌破之后，行情不能维持在低位，而是立即回升，形成弹簧线，他们就了解了多方所具备的韧性，于是有可能平仓空单。

图 3-4 显示了东西方技术分析结合的价值：锤子线与弹簧线相配合发出强烈信号。图中，1993 年的低价由锤子线砸出，这条锤子线也是一根弹簧线，因为锤子线的下影线的低点稍稍穿破了支撑位，就又"弹回"到本已被打破的支撑位的上方。这一图形中还有一点值得注意：1992 年年中创出的 360 美元新高是由一个长白实体之后的十字星实现的。

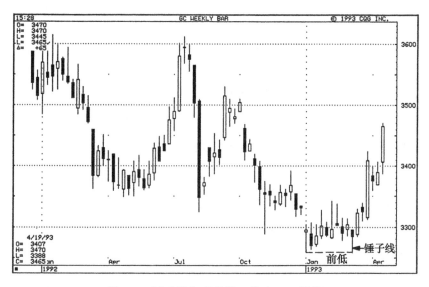

图 3-4　锤子线与弹簧线：黄金——周线

吊颈线

如图 3-5 所示，吊颈线的下影线很长，上影线不存在（或很短），实体（或黑或白）很小而位于价格区间的上端。吊颈线的形态与锤子线完全相同，但是，正如日本教科书中所说的："如果它出现在下方，买入；如果它出现在上方，卖出"。

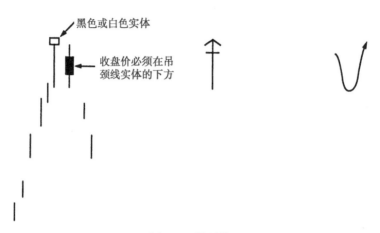

图 3-5 吊颈线

这句话说明，同一形状的这根蜡烛线可能代表转熊，也可能代表转牛，取决于它在趋势中的位置。如果是在下降趋势中的低价位处，就代表转牛；如果出现在上升趋势中的高价位区域，则是空头的吊颈线。

因此，吊颈线是上行走势中的头部反转信号，而锤子线是下行走势中的底部反转信号；同一形状的蜡烛线意味着市场看空或看多——取决于先前的趋势。大概是出于类似的原因，日本人对于米饭也有两种不同的叫法，一是 raisu，一是 gohan。raisu 的发音与英文的 rice 相似，在日本是指西方式烧制的米饭，gohan 则指日式米饭。也就是说，日本人以两种名词来称呼相同的东西——米饭，这种东西的外围因素决定了它究竟是 raisu 还是 gohan。锤子线与吊颈线也是如此，这同一形态的蜡烛线究竟是看空的吊颈线还是看多的锤子线，取决于先前的趋势。

吊颈线的长下影线代表买盘的意愿，似乎应被视为看多信号。但是，吊颈线又显示，一旦价格发生下跌，多方的力量就会变得相当脆弱。另外，吊颈线的小实体也代表先前的上行趋势可能正处于蜕变的过程中。由于吊颈线所在交易时段的行情是上涨的（价格一度大幅下滑但此后收复失地，收盘价达到高位，留下很长的下影线），所以要确认这是不是真实的吊颈线，还必须等待转熊确认。常用的确认方法是观察下一个交易时段的收盘价是否低于吊颈线的实体，如图3-5所示。

吊颈线之所以需要确认，是因为其下影线显示市场中上涨力量尚存。可是，一旦价格跌到吊颈线实体的下方，就意味着在吊颈线的开盘价与收盘价附近买进的人目前都在赔钱。在这种情形下，这些多头头寸可能会变现认赔出场，这样就可能会使价格进一步走弱。

从我在位于华盛顿的世界银行举办了蜡烛图使用研讨会后，世界银行的有些交易员就经常拿世界各个市场的各种蜡烛图组合形态来同我交流，图3-6是其中之一。某位交易员在4月10日当天吊颈线形成后征询我的意见，我回答说，如果隔天出现空头确认信号，这个吊颈线应该代表短期见顶，后来的情况证实了我的判断。

图3-6　吊颈线的确认：德国债券——日线

图3-7说明，等待市场对吊颈线的确认是多么重要。图中出现了一根吊颈线，但紧接着就是一根长白实体，价格被推高到吊颈线上方。在这种情况下，吊颈线交易时段买进的人都有获利，也就是说他们没有理由卖出自

己的多头仓位。其结果是，高于吊颈线的收盘价化解了吊颈线所蕴涵的转熊信号。行情超越吊颈线后的市场情况果然证实了这一点。该图中另外值得注意的是1992年4月的走势，当时出现一根锤子线，它同时也是转牛弹簧线，因为这把"锤子"虽一度完全击穿支撑位，但价格此后被拉回高处。

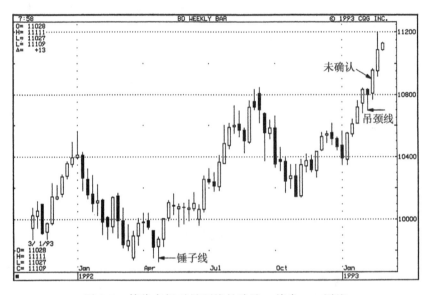

图 3-7　等待市场对吊颈线的确认：债券——周线

我曾经在《华尔街日报》撰文介绍我的蜡烛图研究，其中引用了图3-8。文中我讨论了40美元处的吊颈线如何帮助我确认了头部的形成。我解释说，在1990年的中东危机以前，原油期货的最高价是在32美元左右（原油期货交易开始于1983年）。价格一旦突破这个水平，我就把目标设定在40美元左右，这是现货市场在1979年构成的阻力位。从图中可以看出，40美元附近出现了一个转熊信号，其形态为一根吊颈线。行情在此回头，下行后考验了一下支撑位，然后再次上行，但这只是一次垂死挣扎，尽管行情一时勉强突破40美元，但此后出现了崩溃性下跌。

图 3-8　吊颈线确认阻力位：1990 年原油——日线

西方技术分析中有一个基本的观念：阻力位一旦被穿破，即转变为支撑位；支撑位一旦跌破，即转变为阻力位，我称此为极性转换原则。这个观念也体现在图 3-9 中。我发现"极性转换原则"是一个有效的交易工具，结合蜡烛图一起使用尤其有效。在实践中你也会发现，某个阻力位或支撑位在突破以前所受到的考验次数越多，其极性转换越彻底。

在图 3-10 中我们可以看到，在 11 月中旬到下旬之间，市场在 20 美元上方不远处构筑了一个明显的支撑位。如果该重要支撑位被突破，依据极性转换原则，它就必然会成为阻力位。事情的发展果然如此：12 月中旬出现了吊颈线，确认了这个阻力位；12 月 28 日的长黑实体——也出现在 20 美元附近——显示空方已经掌控行情。

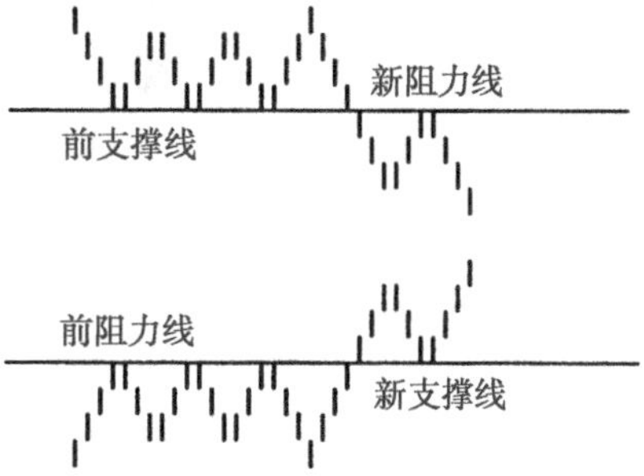

图 3-9　极性转换原则

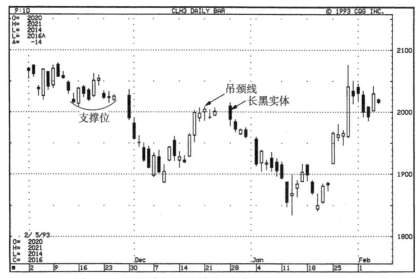

图 3-10　吊颈线与极性转换原则：1993 年 3 月原油

流星线

流星线的上影线很长，实体很小且接近蜡烛线的低点（见图 3-11）。如果说锤子线的长下影线是个看多信号，那么流星线的长上影线就是个看空信号。这根长长的上影线，代表空方有能力让价格从高位急挫而下。

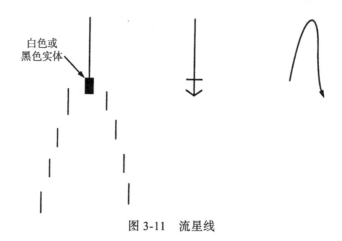

图 3-11　流星线

图 3-12 中 8 月中旬出现一根流星线，其上影线的长度可以显示空方的势头很猛，第二天又出现一根高浪线，同样反映市场处于不确定的状态。而且，这两根蜡烛线出现在 100 日元的重要心理关口，该价位更凸显了这两个信号的重要性。

图 3-12　流星线与高浪线组合：1993 年 9 月日元

图 3-13 显示了 8 月底的支撑位（S）是如何极性转换为 9 月和 10 月的阻力位的。在 9 月底的反攻中，行情以一根流星线的形式确认了这个阻力位。流星线上长长的上影线，反映了 1.66 附近抛压沉重。10 月上旬市场再次上攻 1.66 无果，留下一个长黑实体。

在锤子线一节中，讨论了弹簧线（价格从被穿破的支撑位下方弹回上方），与弹簧线正好相反的是上插线。如图 3-14 所示，价格上插，突破阻力位上方，然后又缩回到阻力位下方，就形成了上插线，这是一种空头态势。在某些情况下，流星线的上影线也会形成上插。

图 3-13 流星线与极性转换原则：德国马克现货

在图 3-15 中，流星线的上影线穿破了 1 月 7 日与 8 日的阻力位，但多方没有能力守住这块新阵地，这根流星线同时成为一个看空的上插线。

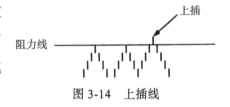

图 3-14 上插线

为了帮助读者明白锤子线、吊颈线与流星线之间的差异，我对图 3-16 做了详细说明，并对这三种蜡烛形态分别举例。请注意，这三种蜡烛形态都必须出现在明确的趋势后才有信号价值。

①流星线，必须发生在明确的上升走势之后。上影线很长，代表市场拒绝接受新高价格。

②锤子线，必须出现在下降走势之后，下影线很长。

③尽管形状完全符合锤子线与吊颈线本身的形态条件（下影线很长，实体很小且靠近蜡烛上端），但它不是锤子线也不是吊颈线，因为它并不处于上升或下降走势之后，而是处于横盘之后，且在横盘价格的中位。因此，

它不是锤子线（尽管其长长的下影线可以被视为一个积极信号）。

图 3-15　流星/上插线：1992 年 3 月债券——日内分时线

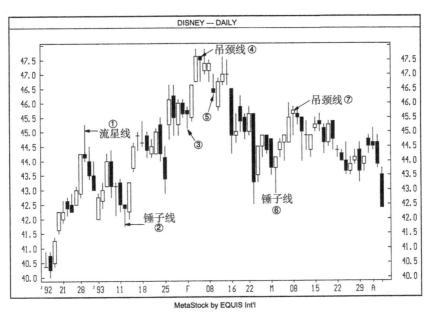

图 3-16　锤子线、吊颈线和流星线：迪士尼——日线

④和⑦吊颈线，在吊颈线之前是一波上行，下一交易时段的蜡烛收盘于吊颈线实体下方，确认吊颈线的空头信号。⑦有小上影线，但其长度很短，仍然可视为吊颈线（锤子线同样允许短上影线）。注意，吊颈线的实体颜色可以是白色也可以是黑色。

⑤形状完全符合流星线的标准（上影线很长，实体很小且接近蜡烛低端），但它不是位于上升走势中，所以不能如传统的流星线那样视为空头信号。

⑥的信号价值相对有限，因为此前的下行幅度有限；但其下影线成功确认了1月下旬与2月上旬的低点所构成的43美元支撑位。

总之，是否要在锤子线、吊颈线与流星线出现后做出相应的买卖决策，首先必须观察先前的趋势。记住，它们都是反转信号，有了先前明确的趋势，才有反转可言。

双蜡烛线所构成的形态

在前一节中，我们只讨论某些单根蜡烛线所包含的信号价值，在本章的余下部分，我们将探讨由两根或两根以上的蜡烛线所构成的一些比较重要的相对常见形态。

乌云盖顶

乌云盖顶形态，按日本人的说法，表示上涨概率很小，如图3-17所示。乌云盖顶的第一根蜡烛是强劲的长白实体，而到第二个交易时段，虽因买盘力量尚存而惯性高开，但价格下行，收盘于第一个白色实体的中点以下。乌云盖顶形态表示，长白实体所代表的上升动能被第二根黑色蜡烛线逐渐消耗。观察图 3-17 中的合成蜡烛线，可以看出它留下很长的上影线；换言之，这个乌云盖顶形态形象地显示此时市场的卖压正在超越买盘的力量。

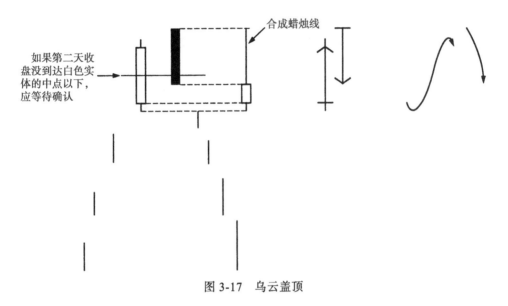

图 3-17　乌云盖顶

在一个理想的乌云盖顶形态中，第二根黑线的收盘价应该切入第一个白色实体的中点以下。如果切入未到达中点以下，则有些日本交易者会认为属于未完成形态，如此，则应该观察下一个交易时段，如果收盘更弱，才视为走弱确认。一般来说，乌云盖顶形态中第二根黑线收盘价切入第一个白色实体越深，形态的空头意味越强烈。

如果第二根黑线的收盘价未到达第一个白线实体的中点以下，那么将它们合成一根蜡烛线后，这根合成蜡烛的上影线相对较短，因此，如图 3-18 所示的乌云盖顶形态的空头意义也逊于标准的乌云盖顶形态。在这种情况下，我们就要等待下一个交易时段能否走弱再来确认这个乌云盖顶形态是否成立。

在股票与期货市场中，我对于乌云盖顶形态的看法有所不同。在理想的乌云盖顶形态中，第二根蜡烛线的开盘价应该高于第一根蜡烛线的高点。但是，因为期货市场的价格波动通常高于股票市场，所以股票市场上的乌云盖顶形态在判定时更为灵活，第二根蜡烛线的开盘价只需要高于第一根蜡烛线的收盘价而不是最高价，即可判定为乌云盖顶形态，如图 3-19 所示。

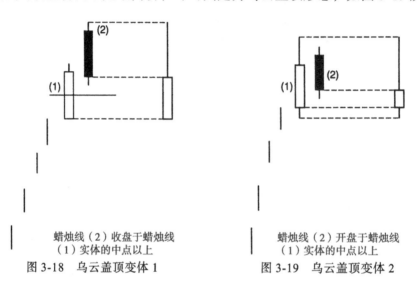

图 3-18　乌云盖顶变体 1　　　　　图 3-19　乌云盖顶变体 2

但是，如果某股票的第二根蜡烛线的开盘价高于第一根蜡烛线的最高价（而不是收盘价），这种形态的反转信号更为强烈，因为价格由新高下滑，相比从非新高下滑，其空头意味更为明确。

乌云盖顶形态经常成为后来的阻力位。如图 3-20 所示，乌云盖顶形态在 1 月下旬形成于 75.50 美元附近。行情由此下跌，直到 2 月一根在 69 美元附近的锤子线（也是弹簧线）出现。由锤子线所带动的上行在 3 月遇阻回落，阻力位即当初乌云盖顶的位置。但是，在任何技术分析中，行情总是会在某个时间点出现出人意料的变化，此时你就必须调整判断。以乌云盖顶来说，如果此后行情的收盘价穿越该形态的高点，行情就可能继续上行。在本例中，行情在 3 月下旬不仅收盘价穿越乌云盖顶的高点，而且是以向上跳空的方式实现这次穿越，且缺口未补。这个跳空缺口有一点值得注意：紧接着的一个交易时段形成了流星线。流星线虽然是一种空头形态，但没有获得确认，因为收盘价没有填补缺口（缺口问题将在本章稍后一节中讨论）。所以，如果见乌云盖顶形态就卖出，止损点应该设定在乌云盖顶形态的高点之上；如果考虑买进，应该等待收盘价穿越乌云盖顶形态的高点后进场。

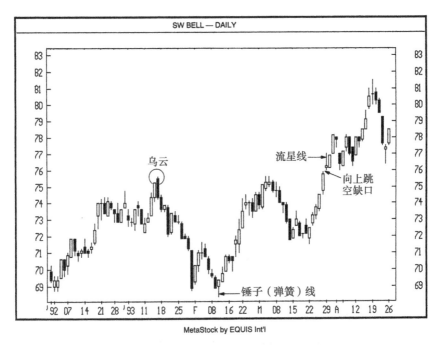

图 3-20　乌云盖顶构成阻力：西南贝尔——日线

图 3-21 中所示的两个乌云盖顶都属于非典型形态。乌云盖顶①的第二根黑线没有切入第一根白线的中点以下。乌云盖顶②的第二根黑线开盘价仅仅略高于前一个收盘价，转熊意味减弱。但是，这两个非典型形态出现时间接近，相互呼应、强化。也就是说，它们共同反映一个市场情况：行

情在 45 美元附近创出新高时，空头就有能力将价格打回前一天的收盘价下方。这绝非好兆头。此后在这个乌云盖顶下方出现的向下跳空缺口最终确认了下跌趋势的形成。

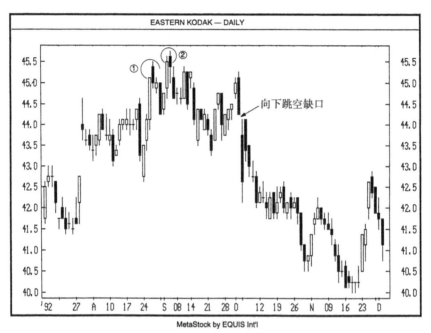

图 3-21　接近收盘价的乌云盖顶：柯达——日线

如图 3-22 所示，11 月前半月的走势在 59 美分与 60 美分之间形成一个密集成交带。市场在很长一段时间内横盘后，所形成的密集区域经常成为阻力位或支撑位，如果价格脱离该区域，此后的走势就会在此位置感受到支撑或压力，因为横盘时间越长，在这个价格区间参与买卖的交易者就越多。以本例而言，价格跌破 11 月前半月密集区的底部之后，在横盘区做空的投资者就会获利；相反，在此区间做多的人就发生了亏损。所以，价格反弹到密集区时，很可能引发解套抛售。也就是说，原先的多方会在这里反手做空。就图 3-22 来说，密集区被穿破后，便成为阻力位。12 月下旬的反弹也因此在此受阻，形成乌云盖顶形态（图中两根蜡烛线之间之所以出现空白是因为当时正逢假日）。

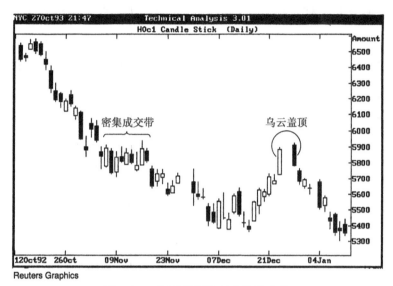

图 3-22　乌云盖顶形态确认阻力位

刺穿形态

如图 3-23 所示，刺穿形态与乌云盖顶恰好相反。乌云盖顶出现在上升趋势后，体现为一个长黑实体深度切入此前的白色实体。刺穿形态则体现为一个白色实体切入此前的黑色实体之中，这个形态显示在低价区有强劲买盘。

一本日文书中曾对刺穿形态形成过程中的市场有如下生动而有趣的描述：

> 多方最后的力量被逼到了角落后跳出来进行悲壮的一搏。这种神风特攻队员的姿态总是非常可怕的，空方只得暂时退避一旁。在这个静悄悄的时刻，多方就有可能获得支援，而空方在大幅抛售之后，后续供应之路可能已经被截断。

换言之，市场的下行能量已经被消耗殆尽。

如果第二根白线的收盘价不能够深度切入第一个黑线实体的一半以上，这个形态有多种名称。就目前的讨论来说，我们无须执着于名称，只需了解一个基本观念，即第二根白线切入第一根黑线的程度越深，信号越积极；如果切入的深度不够，表示多头的反攻力度不够，卖盘可能还会涌出。如图3-24所示，第二根白线的收盘价未到达前一个黑线实体的中点，这两根蜡烛线的合成蜡烛线的下影线也相对较短；与此对照，可以看一下图3-23中的超长下影线，这说明多头实施了强劲的反攻。第二根蜡烛线的开盘位置越低，合成蜡烛线的下影线也就越长。也就是说，刺穿形态中第二根蜡烛线开盘越低，收盘就越能切入前蜡烛线的上部，这个形态就越理想。

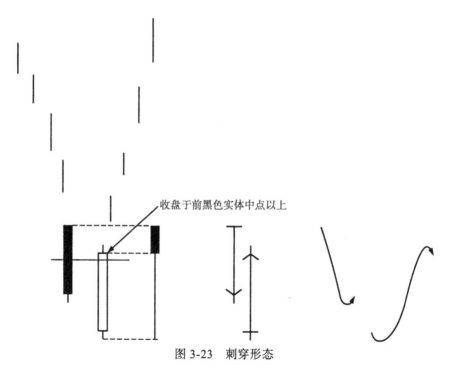

图 3-23　刺穿形态

以我个人的经验，乌云盖顶的发生频率高于刺穿形态，其部分原因可能与华尔街的一句名言有关："因贪婪而进场，因恐惧而出场。"贪婪与恐惧，两者虽然都是非常强烈的情绪，但恐惧更易造成行情的剧烈波动。在行情的底部区域，投资者或交易员通常会有机会等候进场的机会。他们耐心等待价格回落，或等待市场筑底，或者在消息出现后等待一下，以便观察市场的反应。而在顶部区域的恐惧则更有威慑力，投资者仿佛听到恐惧在叫嚷："我要出去——立刻！马上！"

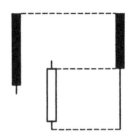

图 3-24　第二根白线在前一黑线中点下方

如图 3-25 所示，我们看见 1991 年年底开始的上行，停滞于一个长白实体之后的一个十字星。5 月的一根超长上影线反映了十字星所构成的阻力位意义。行情由此回落，直至 8 月出现刺穿形态。这个刺穿形态的形成基础是这里的支撑力已经到达 12 月低点与 5 月高点之间的中点区域。任何行情回落 50% 后，我们都应该密切关注盘面变化，因为大多数技术分析派都会关注这个点位。本图中的刺穿形态形成了底部，这个底部又在 10 月受到一根高浪线的证实。由 33 美元附近的底部开始，行情上行，直至 1993 年年初出现一个长白实体，并紧接着出现十字星，价格的攀升到此止步回头。

在图 3-26 中，4 月的刺穿形态确认了前一周的锤子线所发出的底部信号。五六月之交形成了又一个刺穿形态，这就为一波攻击构成了暂时的基础（底部），这波攻击的目标是 5 月在 4.15 美元一带形成的阻力位。在此区域连续出现两根吊颈线。请留意，第一根吊颈线并未立即得到确认（因为第二天的走势依然强劲），但在第二根吊颈线出现后的那个交易日——收盘价处于第二根吊颈线的实体的下方——这根吊颈线得到了确认。

图 3-25　刺穿形态与回落：迪士尼——周线

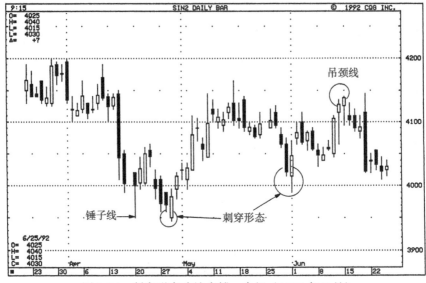

图 3-26　刺穿形态确认支撑：白银（1992 年 7 月）

吞噬形态

吞噬形态是个双蜡烛线形态。多头吞噬形态（见图3-27a）发生在下降走势中，体现为第二根白线的实体包裹第一根黑线的实体。空头吞噬形态（见图3-27b）发生在上升走势中，体现为第二根黑线的实体包裹第一根白线的实体。

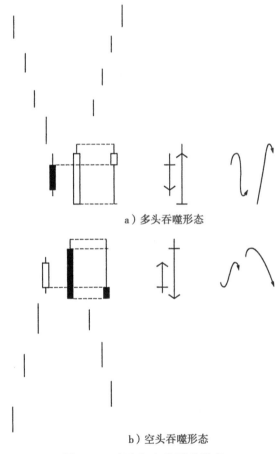

a）多头吞噬形态

b）空头吞噬形态

图3-27　多头与空头吞噬形态

吞噬形态直观地显示了多空力量的前后逆转。以多头吞噬为例，起先由空方掌控局面，然而通过这个吞噬形态的实现，多方夺取了控制权。空头吞噬则反映空方的力量是如何压倒多方的，按日本人的说法就是"多方的力量被瓦解了"。我们此前说过，在乌云盖顶形态中，空方成功地将价格切入此前的白色实体的内部，而在空头吞噬中，空方的力量更强大，它把收盘价打压到了此前白色实体的下方。两者的差异也可描述刺穿形态与多头吞噬之间的差异。在刺穿形态中，多方反击，将收盘价向上高度切入前面的黑色实体，而在多头吞噬中，多方气势如虹，收盘于前面黑色实体的上方。

也就是说，通常说来吞噬形态作为转牛或转熊信号的强度分别超过了刺穿形态与乌云盖顶形态，但是，实际上，我们还必须由形态所发生的位置来做进一步的判断。例如，如果出现了一个多头吞噬，但它没有同时确认前面的某个位置为支撑位，另一个是发生在重要支撑位的刺穿形态，这个刺穿形态更有可能是有效的底部反转信号。因此，在判断蜡烛图形态时，应该同时考虑整体技术形态，这一点会在第4章中深入讨论。

吞噬形态的基本定义是：第二根蜡烛线的实体完全吞噬前一根相反颜色的实体。但是吞噬形态之间的信号强度并不相同。吞噬形态的信号价值高低取决于实体的相对长度、影线之间的关系以及其他因素。吞噬形态的最严格定义是：第一根蜡烛线实体很短，第二根蜡烛线的实体很长，而且第二根蜡烛线的实体完全包裹第一根蜡烛线，包括影线在内。第二严格定义则是：第二根蜡烛线吃掉第一根蜡烛线，两者都包括影线在内。也就是说，第二个交易时段的高点高于前一时段的高点，而低点则低于前一时段的低点。

与乌云盖顶形态一样，即使出现了吞噬形态，但如果随后的行情超越了这个吞噬形态，人们仍认为它会朝这个形态的相反方向发展。也就是说，如果收盘价超过空头吞噬形态的高点（即上影线的高点），盘面由看空转为看多。

本节的图形说明包括以下几方面。

- 吞噬形态如何形成支撑或阻力；
- 吞噬形态如何结合西方的技术分析方法一起使用；
- 为何交易员在定义吞噬形态时，在股票市场应该比期货市场更灵活；
- 比较吞噬形态中两个蜡烛线实体长度的重要性；
- 十字星后的空头吞噬信号。

图 3-28 中的第一个不祥之兆是 8 月下旬的高浪线。接着，在 9 月的最初两天形成一个更危险的空头吞噬。行情由此下滑，直至在 8 月中旬的跳空缺口的价位区找到了支撑（本章稍后会讨论缺口的阻力与支撑功能）。由前缺口支撑下展开的反弹，后来又受阻于先前的空头吞噬形态所构成的阻力位。

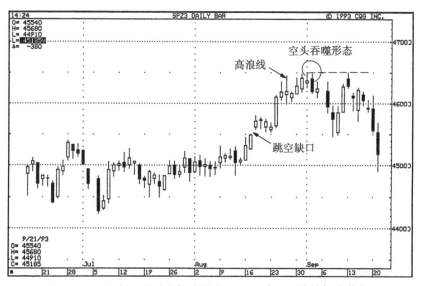

图 3-28　空头吞噬形态构成阻力：1993 年 12 月的标准普尔

从图 3-28 中也可以看出，蜡烛图往往可以发出西方技术分析工具不能发现的反转信号。在西方技术分析概念中有一种信号称为"顶部外反转"，有时也称为"钥匙反转"，这是指当天的价格创新高，而收盘价低于前一天的收盘。本图中吞噬形态的第二个交易日没有创新高，所以不能构成"顶部外反转"，因此如果使用西方技术分析工具，这个形态没有发出反转信号，但是按蜡烛图技术分析，这属于空头吞噬形态，因为第二根黑色蜡烛线实体包裹了前面的白色实体。也就是说，使用西方技术分析工具，从这两个交易日不能看出反转，但在蜡烛图中，这个形态就发出了反转信号。

在图 3-29 中，12 月的卖压起始于长白实体之后的十字星。一周后，一根上影线很长的蜡烛线可以确认 44 美元附近的卖压，这是由先前的十字星所构成的阻力。随后所产生的跌势终止于 1993 年 1 月的多头吞噬。价格由此反弹，但再度受阻于先前的阻力位 44 美元，形成上影线很长的蜡烛线。

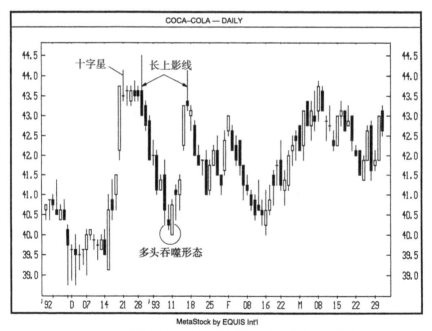

图 3-29　空头吞噬形态构成支撑：可口可乐——日线

根据前述的价格走势来判断，我们知道上档 44 美元附近有阻力，下档的多头吞噬是支撑位（在 40 美元附近）。因此，我们可以准备进行区间的交易，在 40 美元附近买进，获利目标为 44 美元左右，止损可以设定在多头吞噬形态低点的下方。2 月的行情发展确实是如此。请注意，在交易中，收益风险比率概念非常重要。不论你是以蜡烛图还是其他技术方法进行交易，首先都必须评估潜在风险与收益之间的比例关系（第 4 章将深入讨论这个问题）。

在图 3-30 中，在 50 美元附近形成一个典型的空头吞噬，因为它是由一个长黑实体吃掉一个极小的白色实体。3 月又形成另一个空头吞噬，确认前次下跌从 A 到 B 点之间的幅度的 50% 为此次反弹的阻力位。

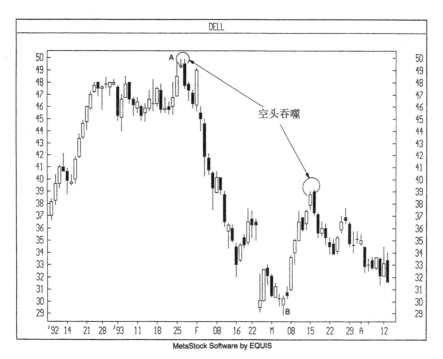

图 3-30　吞噬形态确认回落开始

相对期货来说，股票的开盘价与前一天的收盘价之间通常变化不大，所以股市中的吞噬形态定义相对于波动性较强的期货市场而言应该相对宽松。具体说来，如果第二根蜡烛线的开盘价与前一根蜡烛线的收盘价相同（见图

3-31），我仍视之为有效的吞噬形态。

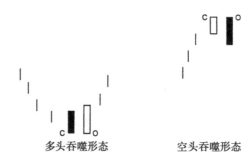

图 3-31　吞噬形态中第一根蜡烛线收盘价与第二根蜡烛线开盘价相同

图 3-32 所示的多头吞噬形态中的两根蜡烛线，后一根的开盘价与前一根的收盘价基本相同。这个形态的重要性后来显现了出来，因为它在 4 月的回落走势中发挥了支撑作用。

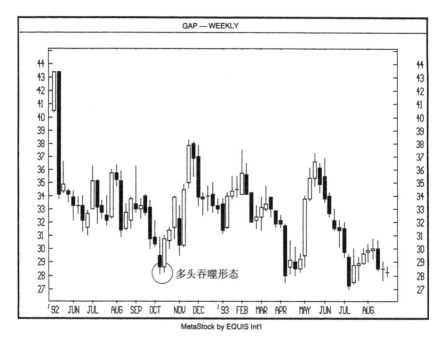

图 3-32　吞噬形态与股票：Gap——周线

看一个吞噬形态，要比较蜡烛线实体的相对长度。一个理想的空头吞噬形态，应该由一根长黑实体包裹一根小白实体。空头吞噬形态中的小白实体，显示上升动能开始不济，随后的长黑实体代表空方力量完全压倒多方。

然而，如果构成吞噬形态的两根蜡烛线在实体长度上大致相当，走势可能趋向横盘而不是反转（这个重要概念可在期权交易中用来卖空波动率）。这里我用图 3-33 中的德国马克走势图为例来解释这个重要概念。在 1992 年 7 月的空头吞噬形态（标示为 1）中，两根蜡烛线的实体大致相等，代表多空双方基本上旗鼓相当。正因为空方没有明显获胜，随后两三周走出横盘形态就顺理成章了。行情突破这个吞噬形态的阻力位上行以后，又形成另一个空头吞噬形态（标示为 2）。

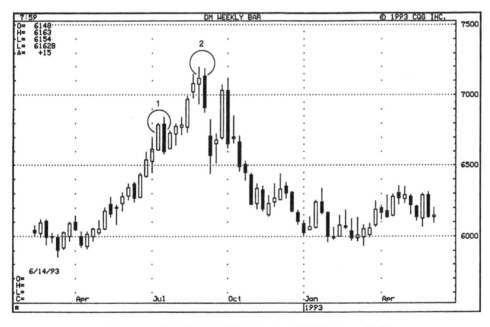

图 3-33　吞噬形态与实体的大小：德国马克——周线

空头吞噬 2 更有信号价值，因为它由小白线与长黑实体所构成。由此可以预见行情将发生反转而不是横盘。这样一来，这个吞噬形态就成了阻力位。

在图 3-34 中，1991 年年初出现一个空头吞噬形态，但两根蜡烛线的实体长度大致相等，如上所述，这可能意味着进入一段整固时期，果然，此后的行情形成了一个横盘带。这个空头吞噬的高点构成了阻力位，后来一根上影线对此予以了确认。1991 年 10 月又形成另一个空头吞噬，由于它由一个长黑实体与一根小白线构成，因此比先前的那个吞噬形态更加重要。而且，由于出现在一个十字星之后，这个空头吞噬更有不祥之兆。具体说来，如果空头吞噬发生在十字星之后，尤其应该被视为一个空头形态组合。

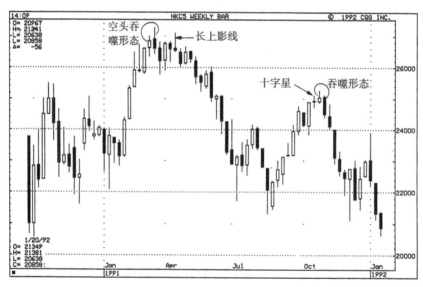

图 3-34　十字星后的空头吞噬形态：日经指数——周线

最后吞噬形态

空头吞噬形态一般发生在一段上升走势之后，体现为一个长黑实体包裹一个小白实体。但是，空头吞噬如果发生在下降走势中，则有可能是底部反转信号，这种形态称为最后吞噬底，如图 3-35a 所示。如果此后的行情中收盘价位于形态中黑色实体的上方，则这一形态可以视为由空转多的信号。

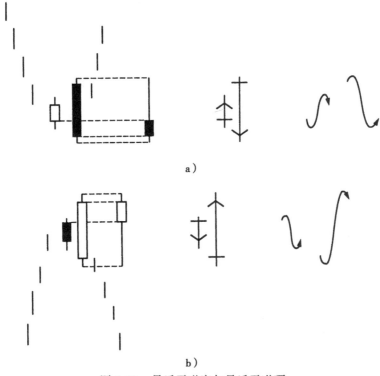

图 3-35　最后吞噬底与最后吞噬顶

多头吞噬形态发生在下降走势之后，体现为一个长白实体包裹前一个小黑实体。但是，多头吞噬形态如果发生在上升走势中，则有可能是个空头形态，称为最后吞噬顶，如图 3-35b 所示。按照蜡烛图理论，如果第二天行情的收盘价低于最后吞噬顶白线的收盘价，应视为最后吞噬顶的转空信号获得了确认。

日本人形象地将最后吞噬顶比喻为一对情人"双双殉情"：最后的长白实体让你爱上市场，但此后你也和市场一起毁灭。这话说得有些绝对，但它传达了一个原则，即在出现最后吞噬顶之后，交易者必须小心行事。

在图 3-36 中，1992 年 4 月出现一个多头吞噬形态（请注意，本图反映的是股市走势，所以尽管形态中白色实体的开盘价与前一个黑色实体的收盘价相同，我仍然视之为吞噬形态）。由这里开始的一波上行以一个最后吞噬顶结束。这两个吞噬形态的组成基本相同，都是由一个长白实体包围前一根黑线。然而，4 月的吞噬形态发生在下降走势中，而 8 月的吞噬形态发生在上升趋势中，于是成为最后吞噬顶。此后的周⊖收盘价低于吞噬形态中白线的收盘价，进一步确认了这是一个最后吞噬顶。

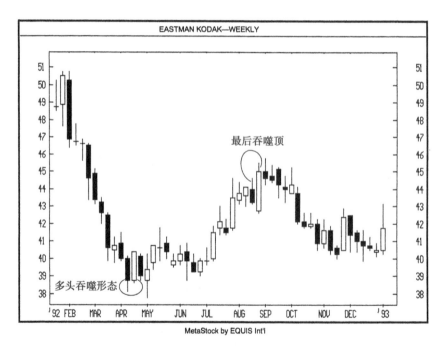

图 3-36 最后吞噬顶：柯达——周线

在图 3-37 中，在 4 月的价格峰位附近形成一个空头吞噬形态后，价格

⊖ 原书为 next day's session，疑有误，因为这个是周线图。——译者注

开始下滑，直到在图上标示长白实体的底部获得支撑。考验这个支撑的是 4 月末出现的两根蜡烛线，其中后一个长黑实体包裹前一根白线，这个形态与空头吞噬相同，但它发生在下降走势中，所以构成最后吞噬底。

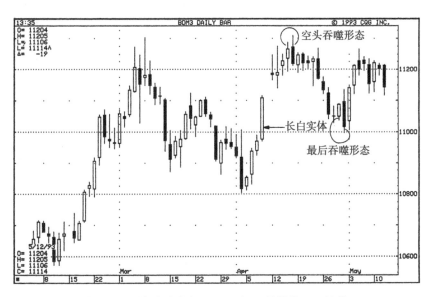

图 3-37 最后吞噬底：1993 年 6 月债券——日线

在图 3-38 中，9 月的低点附近形成一个最后吞噬底。图中更应引起注意的是长黑实体对应的成交量很大，可以视为卖压高潮。这个高潮的出现，进一步增加了这个最后吞噬形态的底部反转信号价值。

包孕形态

包孕形态由一根长实体蜡烛线和一根小实体蜡烛线构成，而且小实体完全处在大实体之内。这两根蜡烛线的先后顺序与吞噬形态相反。吞噬形态中第二根蜡烛线的长实体包裹前一根蜡烛线的小实体，在包孕形态中，长实体蜡烛线在前，小实体蜡烛线在后。

图 3-38　最后吞噬形态与成交量：1993 年 12 月石油

如日本人所说的那样，在下跌趋势中出现的包孕形态，代表"下跌的动能正趋于衰竭"。在上升趋势后出现的包孕形态，则代表行情没能守住高位。

如图 3-39a 所示，包孕形态不讲究两根蜡烛线的颜色，可以都黑都白，也可以一黑一白。但是，在一段下行后，先白后黑（第一根蜡烛线为长白实体，第二根蜡烛线为小黑线）或白白组合这两种形态的走牛概率强于先黑后白或黑黑组合这两种形态。这是因为长白实体本身便有多头的意义，所以包孕形态中如果有长白实体，那么市场跌势即将见底的概率就更大了。

同样的道理也适用于上升走势后的包孕形态。如图 3-39b 所示，在上升趋势中，包孕形态组合的第一根蜡烛线如果是长黑实体，则空头信号较强，超过了同一位置由长白实体所形成的包孕形态。因为长黑实体本身便是看空形态，当它出现在包孕形态中时，看空的理由就更充分了。

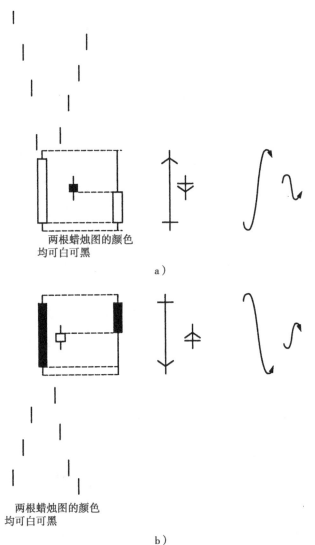

图 3-39 包孕形态

在包孕形态中,如果出现以下情况,则这个形态的意义就更重要了:

- 如果第二个小实体位在第一个长实体的中点,行情可能出现反转。在一段上升后,如果第二个小实体靠近第一个长实体的上端,随后可能产生横向而非下跌的走势。我称这种组合为高价包孕形态，因为第二个交易时段的价格变化范围处于前一个交易时段的高位区。同理，在下降趋势中，如果第二个小实体靠近第一个长实体的低点，此后很有可能产生横盘而非返身上涨的走势。我称这种组合为"低价包孕形态"。

- 如果第二根蜡烛线的价格范围（开盘价、收盘价、最高价、最低价）完全处在第一根蜡烛线的实体范围内，价格反转的概率比较大。
- 第二根蜡烛线的影线越短，实体越小，形态的信号越明确。如果第二根蜡烛线是十字星而没有实体，发生反转的概率更大。这种长实体后面紧跟一个十字星的包孕形态，称为"包孕十字"。

某些日本文献将包孕形态称为市场的过渡期。也就是说，在上升趋势中，如果行情走到了包孕形态上面，则这个包孕形态是多头中继信号。同理，在下降趋势中，包孕形态的低点被跌破，那么就可能出现更多的卖压。

在图3-40中，1992年11月，一个多头吞噬形态发动了一波上涨，但行情终止于12月的包孕形态。这个包孕形态有两个特点增加了其可靠性：第二个小实体几乎位于第一个长实体的中点，第二根蜡烛线（包括上下影线在内）完全处在第一个实体的范围内。非常有趣的是，1993年2月又出现相同的一幕。多头吞噬所触发的上涨在一个经典的包孕形态中结束。包孕形态出现意味着什么？日本人说，这是"市场出现了裂缝"。2月包孕形态后几个交易日内，出现一个流星线，也是一根上插线，是个空头信号，因为行情虽然创出新高，却没能守住高位（尽管图中流星线的实体处于前一根白线的实体之内，但这两根蜡烛线不构成包孕形态，因为流星线的上影线远超过前一根白线的范围）。

第 3 章 | 蜡烛图组合形态 93

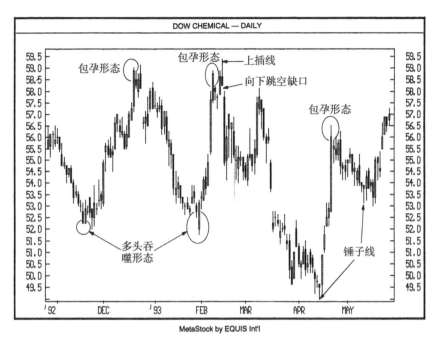

图 3-40　包孕形态：陶氏化学——日线

行情至此已经显现强烈的不祥之兆。如果对此还有怀疑的话，那么箭头所示的向下跳空应该视为行情已经见顶的最后证据。12月与次年2月的包孕形态成为后续走势的天花板。行情的低点出现在4月，是由一根锤子线砸出来的。4月晚些时候又出现一根极不寻常的长白实体，紧接着出现了小白线，形成一个包孕形态，引发一波下跌，跌势持续到另一根锤子线出现。

在图 3-41 中，空头吞噬所引发的跌势，在 5 月的包孕形态中见底。在该包孕形态中，第二根蜡烛线的实体位于前一个实体的底部，预示先前的跌势将转变为横向走势，价格波动范围靠近长黑实体的下方。请注意，在包孕形态之后出现的多根长下影线，代表 80 美元附近买盘积极。图中标示为 X 的组合并非包孕形态，因为第一根蜡烛线的白实体不够长。包孕形态中，第一根蜡烛线相比之前的蜡烛线必须有很长的实体。8 月上旬又形成另一个包孕形态，似乎行情即将反转，但只是稍稍下挫后，行情就攀高到包孕形态上方，上涨趋势恢复，并向更高点攀升。

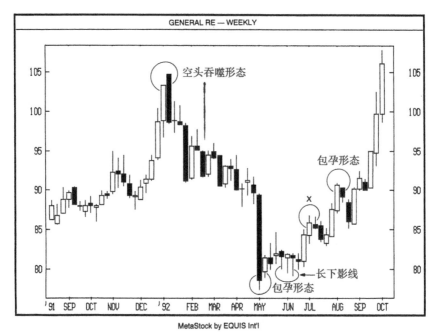

图 3-41　包孕形态：General Re——周线

图 3-42 中的两个包孕形态有一点很相似，第二根蜡烛线的开盘价、收盘价、最高价、最低价全都位于前一个长白实体内。10 月的包孕形态尤其重要，因为第二根蜡烛线的实体极小，几乎为十字星，所以这个形态可视为包孕十字星。此后的①、②、③三根长黑实体，凸显市场的内在弱势状态。

如图 3-43 所示，1992 年 2 月，19.00～19.50 美元形成了一个支撑区（包括一根锤子线）。根据"极性转换原理"，先前的支撑跌破以后，将转变为阻力。所以，我们可以预计 19.00～19.50 美元将成为阻力区。后来的发展果然如此：该阻力区首先被一根流星线确认，行情由此确认开始持续下滑，直到出现一个刺穿形态方才止跌。5 月，行情再次冲击 19.00～19.50 美元的阻力区，在此又形成包孕形态，紧接着又是个乌云盖顶。5月下旬行情再度挑战这个阻力区，形成一根上影线很长的蜡烛线（这根蜡烛线并不是流星线，因为并非发生在一波上涨之后）。

图 3-42　包孕形态与第二个实体的大小

如前所述，在一个理想的包孕形态中，第二根蜡烛线的实体位于第一根蜡烛线实体的中点。对于上升走势中的包孕形态，如果第二个小实体位于前一个长实体的上端（即高价包孕形态），行情转为横向整固的可能性较大，反转下跌的可能性较小。以图3-44为例，在6月上旬到7月下旬之间，陆续出现三个高价包孕形态（分别标示为1～3）。每个包孕形态之后，行情都至少出现一个星期时间的盘整，然后摆脱这个整固区间。这个图形又反映出高价包孕形态（或下降趋势中的低价包孕形态）的另一个妙用：期权交易者可以考虑见此而卖空波动率，因为这种形态出现以后，行情经常会由明确的上升或下降走势转为横盘，也就是说，可能意味着波动率的降低。

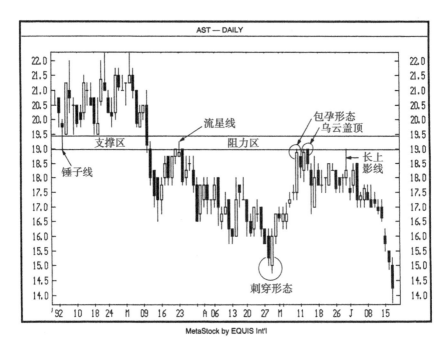

图 3-43　包孕形态确认阻力区：AST——日线

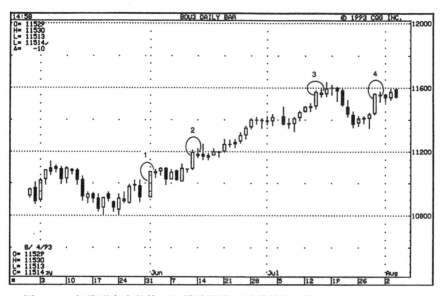

图 3-44　包孕形态中的第二根蜡烛线接近前蜡烛线顶部：1993 年 9 月债券

窗口

"窗口"也称"脱节蜡烛线",是威力最大的蜡烛图形态之一。如图3-45所示,日本蜡烛图理论中所谓的"窗口",也就是西方技术分析中的跳空缺口。上升窗口是指今天蜡烛线的低点高于前一天蜡烛线的高点。同理,下降窗口则指今天的高点低于前一天的低点。窗口直观地反映市场状况,因为它显示出一边倒的行情趋势与市场心理。

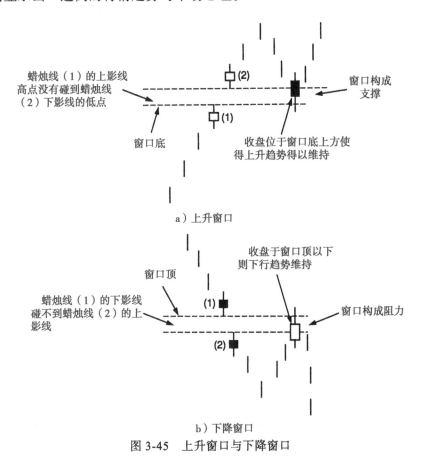

图3-45 上升窗口与下降窗口

有一次在给一批交易员讲授蜡烛图理论时,根据我自己的经验,说窗口是一个非常好用的蜡烛图工具，其中一位告诉我他曾在一家日本银行工作过。我解释了窗口的意义后，他又说，他现在总算明白了，何以银行中的日本交易员经常在价格走势图中寻找缺口，有时甚至要回溯好几年的蜡烛图，只为找到一个缺口。他的话进一步强化了我对窗口意义的认识：窗口是不容忽略的蜡烛图技术之一。

窗口是一种行情中继形态，当它出现以后，市场将继续此前的趋势，所以上升窗口是一种多头持续形态，先前的上升趋势将持续下去；下降窗口是一种空头中继形态，先前的下降趋势将持续下去。

日本人对于窗口有一种说法："反向走势遇窗口而止。"也就是说，对于上升窗口来说，上升后的回落应该在窗口内获得支撑；对于下降窗口来说，下跌后的反弹也应该在窗口内遇阻回落或停滞。

当我们以窗口作为支撑或阻力时应该明白，行情可能暂时跌破上升窗口的底部，或暂时上穿下降窗口的顶部，然后再沿着窗口的跳空方向反弹（上升窗口）或回落（下跌窗口）。图3-45反映的就是这种情况。

我根据自己的经验发现了一条非常有用的普遍原则：**如果收盘价封闭窗口，则窗口出现之前的趋势就会结束**。举例来说，如果在83～85美元存在一个上升窗口，而随后的价格收在窗口的底部（83美元）以下，先前的上升趋势应该视为已经完成。反之，如果在62～60美元存在一个下降窗口，而现在的收盘价格拉抬至62美元以上，则多方已经完全击倒了空方。

上述讨论强调的是收盘价，因此，如果只是盘中价格一度封闭窗口，还不可以视之为突破信号，必须等待收盘价守在下跌窗口上方才能确认下降趋势结束，或者收盘价压在上升窗口下方，才能确认上升趋势结束。对周线图而言，应该根据周收盘价（通常为周五）是否处于窗口底部下方，再来确认窗口的支撑是否已经被突破。等待收盘价来确认窗口是否被突破，当然意味着很大的风险，因为此时的行情可能已有很大的变化，远远超过了你的风险偏好度。

后面将讨论下列几点：

- 等收盘价来确认窗口支撑或压力是否已被突破；
- 成交量如何影响窗口的意义；
- 以窗口确认趋势反转；
- 窗口如何快速反映市场状况；
- 等待三个交易时段再确认窗口的信号；
- 三窗口与趋势反转的确认；
- 双黑跳空；
- 跳空十字星。

在图3-46中，9月的空头吞噬引发下跌，直至8月的上升窗口位置获得支撑。下影线很长的蜡烛线（1）与长白实体（2）都反映了窗口的支撑力。蜡烛线（1）的盘中行情曾经封闭窗口，但多方将收盘价拉升到窗口底部上方，从而维持了上行趋势。

在图3-47中，10月5日的锤子线启动一波涨势。多方背后的力量反映在当月后来出现的上升窗口及其巨大的成交量（以箭头标示）上。如果窗口由一根长白实体开启，称为奔驰窗口，因为行情朝窗口的方向（上升）疾奔。在本图中，在这个长白实体开启窗口之后，出现一根十字星，代表市场陷入踌躇，此后行情回落，但在长白实体的中点（以虚线标示）一线获得支撑，显示多方有能力维持上行。行情上升后，这个长白实体的中点就是这样转化为支撑的。

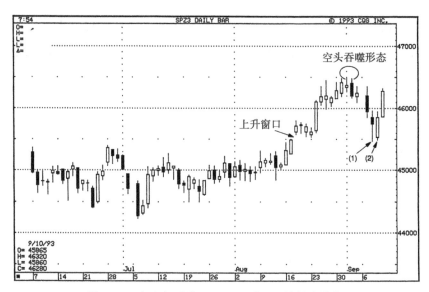

图 3-46　盘内打破窗口：1993 年 12 月标准普尔

图 3-47　窗口与成交量：苹果公司——日线

在图 3-48 中，6 月的乌云盖顶使得先前的上升走势夭折，这个形态引发的跌势在 4 月的窗口位置一线见底。这个图形中还有几点值得注意：6 月下跌的低点出现在一个包孕形态中，而这个包孕形态的位置也在横盘区间，而这从此前的窗口就可以预见到。5 月也曾经出现相同的形态——一个包孕形态出现在窗口支撑位。请注意，6 月下旬由窗口支撑引发的反弹又在此前的乌云盖顶形态所构成的阻力位受压回落。

图 3-48　窗口构成支撑：1993 年 9 月日元

流星线有可能是一个空头信号，但如果同时开启一个上升窗口，该如何判断呢？在图 3-49 中，1 月中旬便出现了这种形态。出现流星线之后，一位客户问我，这是否代表卖出信号（他知道通常情况下流星线为空头信号）。我指出，尽管这是一个空头信号，但这个形态还有一个更具意义的方面——上升窗口。我建议这位客户，如果他希望卖空，应该等待收盘价拉回到窗口以下，因为这时才可以确认上升走势已经结束。如果空头无法将价格压制到窗口下方，卖空是一个不太安全的行为。第二天行情上涨以后，这位客户立即订购了 10 本我的图书，分送给他的朋友。

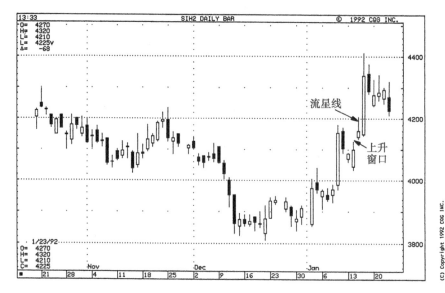

图 3-49　流星线与上升窗口：1992 年 3 月白银

图 3-49 说明了有时被许多人包括众多蜡烛图使用者忘了的一个重要概念：单个形态都应该置于整体技术图景中考虑。在本例中，孤立地看这个流星线，而不去看前面的上升窗口，就可能导致交易的方向性错误。

我曾经在一次研讨会上出示图 3-50，并称它为"烛光救险"，因为该图可以说明蜡烛图如何避免错误的交易。在 3 月中旬，某个交易日的收盘价突破了一条重要的阻力线（这一阻力线可以追溯到 1991 年 12 月，图中显示的只是这根阻力线的最后一部分）。这个突破本来可以视为一个可能的多头信号，但根据蜡烛图理论，它还有待确认，具体来说，因为 3 月上旬所形成的窗口仍然开着。根据蜡烛图原则，收盘价没有到达窗口顶部（本例中为 1088 美元）上方以前，行情趋势仍然向下。我们可以看出，尽管行情突破了那条阻力线，多方还是没有能力将行情推高至窗口上方。因此，虽然阻力线被刺穿，但是，熟悉蜡烛图理论的交易者不会在此时此价匆忙进场做多。

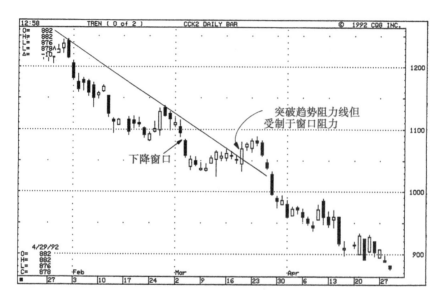

图 3-50　窗口压力再次验证压力：1992 年 5 月可可

窗口有时可以视为强效确认机制。如果在反转信号后出现相同方向的窗口，交易者对这个行情反转可以更有信心，图 3-51 即是一个例子。5 月出现一个空头吞噬，行情稍稍下行，旋即上行，在 7 月上旬创新高。此时又出现了空头吞噬形态，与 5 月的空头吞噬不同的是，7 月的这个吞噬形态后面立即出现了一个下降窗口，进一步确认头部形成。

图 3-52 说明窗口可以帮助我们快速诊断市场。本例中的股票是我的一位朋友买过的。当时市场传出一个重要的利多消息，此后股价立即飙升并创出新高（箭头标示处），但是，尽管有此利多消息，盘面还是出现了多个不祥之兆。首先是创新高的当天，收盘价处于前一天收盘价的下方，形成乌云盖顶形态。

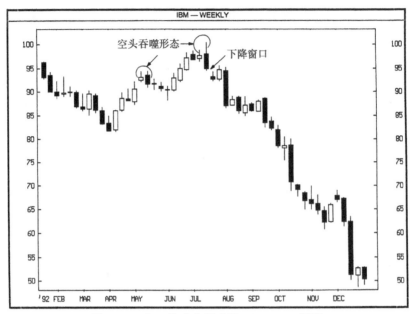

图 3-51　窗口构成信号确认：IBM——周线

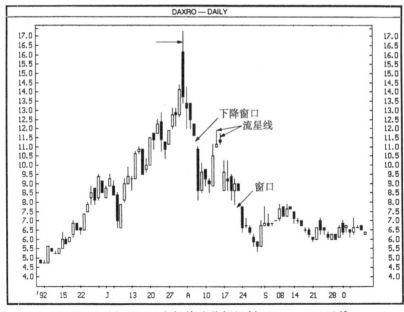

图 3-52　窗口用于市场快速分析机制：Daxro——日线

另一个迹象更意味深长。正如我对那位朋友说的那样，尽管有表面利多的消息，股价却无法守住新高，此时做多非常危险。股票的价格综合反映各方面的信息，包括公开的消息，也包括少数人才掌握的内幕。这只股票的许多筹码都集中在少数人手中，股价无法守住新高，也许意味着这批少数人掌握了一些大众所不知道的消息，他们已经可能借着涨升出货。当然，价格重回高点的可能性不能说完全没有。但是，看到那个下降窗口以后，我告诉那位朋友，除非股价的收盘位回到窗口顶部上方，否则这只股票的下降趋势已经形成。这个窗口构成了阻力，后来的两根流星线也验证了这个阻力位，8月又出现一个下降窗口。

某些日本交易员认为，如果窗口在三个交易时段内没有关闭，可以确认市场将朝窗口的方向发展。也就是说，如果在三个交易时段内没有关闭下降窗口，可以认为市场已经确认价格会继续下跌。我翻译过的一本日本著作提出，如果窗口在三个交易时段内没有关闭，那么市场将会顺着缺口方向运行13个交易时段。我虽然不同意说得这么绝对，但等待三个交易时段来确认窗口的支撑或阻力我是深信不疑的。

在图3-53中，3月上旬开启了一个下降窗口。根据上述讨论，如果要根据这个窗口来交易，应该等待三天的确认期，看看收盘价会不会到达窗口上方。如果多方不能够将收盘价推升至窗口上方，那么根据蜡烛图理论，很有可能下行趋势将会持续。毕竟多方有三天的时间可以推升股价，封闭窗口，但实际的情况是他们最终无功而返。5月，行情上试窗口阻力（62美分），但上行受挫，形成了乌云盖顶；几天以后，多方再度发力，再度受挫，形成一根上影线很长的蜡烛线（箭头标示处）。

我不建议过分强调等待三个交易日，而不是两个或者四个。日本文化非常重视"三"这个数字，这种迷信也渗透到技术分析中，因此要仔细观察窗口开启后的市场表现。你会发现，如果窗口没有在两个、四个甚至五个（而不是三个）交易时段内被封闭，也许仍可以认定窗口发出的行情持续信号有效。

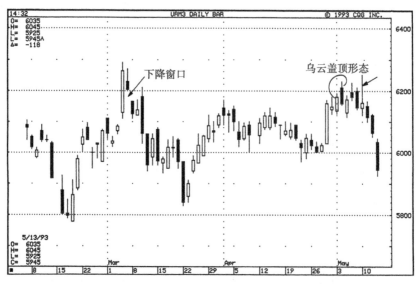

图 3-53　窗口与等待 3 个交易时段：1993 年 6 月无铅汽油

三窗口理论

如前所述，日本人重视数字"三"，也因为此，日本人认为市场连续出现三个上升窗口或下降窗口，代表趋势已达极致，物极必反，修正就有可能会发生。图 3-54 说明的就是三窗口理论。

图 3-55 中除了窗口以外，还有许多其他的形态值得交易者关注。在 1 月中旬左右，市场出现多个底部形态，包括高浪线与启明星，行情显露转牛迹象，这个趋势后来又得到一个上升窗口的最后确认。行情从这里开始强劲上升，直到出现一个包孕形态。从这个包孕形态开始的行情修正在 2 月中旬终止，终止的方式是对 1 月窗口支撑的确认。从 2 月低点到 3 月上

旬的乌云盖顶之间，出现①、②、③三个上升窗口，接着，行情以下降窗口的形式突破向下。请注意，这个窗口在随后几天内构成阻力。

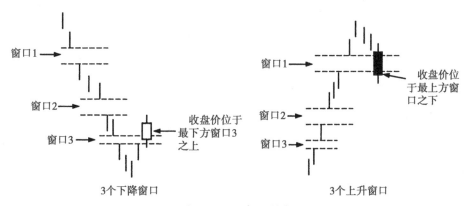

图 3-54　三窗口理论

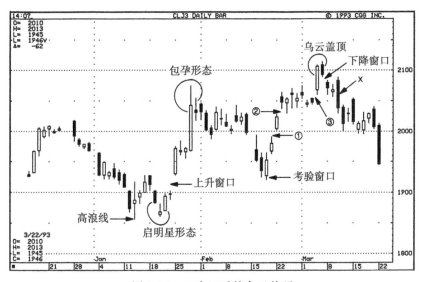

图 3-55　三窗口后的乌云盖顶

如上例所示，行情如在三个窗口之后出现空头蜡烛线信号，应该了结多头头寸。但是，更激进的投资者可能（正如日本人说的那样）更愿意"为理想而冒险一跳"，在出现三个上升窗口之后，不等进一步空头逆转信号出现就提前卖出。

根据个人经验，我以为，即使出现同方向的连续三个窗口，也不应该急于反方向操作，直到出现更多的趋势逆转证据再进行操作可能更加准确。也就是说，对我而言，行情必须收盘于最后一个窗口的下方（见图3-54），我才会认为出现了逆转。基于这个观念，我认为在图3-55中，标示为"X"的蜡烛线（3月）才是空头确认，因为它的收盘价位于"窗口3"的下面。

图3-56说明了等待的重要性——出现三个上升窗口后，要等待行情封闭最上方的窗口，才能认定反转已经确认。在这个黄金走势图中，4月的一个窗口标示为2，这是因为稍早还有一个上升窗口，但图中并未显示，所以这是第二个上升窗口。此后出现第三个上升窗口。窗口3之后的几个交易日中，出现乌云盖顶（完成于5月3日），代表行情出现变化，市场确实由先前垂直走向一变而为横向运动。尽管趋势确实发生了变化，但是并未确认必将下跌，因为空方没能封闭最上方窗口（收盘价没有处于窗口3下方），行情然后又继续上行。值得注意的是，同样的一幕后来又发生了，先是出现窗口4，然后又是一个乌云盖顶2。此后价格又由上行转变为横盘。同样，窗口4也始终没有被封闭，因为多方以一个锤子线的形态成功守住了窗口4。注意，这个窗口曾经在盘中被封闭，但是当日的收盘价没有守住窗口4的下方，意味着大趋势依然成立。因此，我通常建议客户，在出现三个或以上上升窗口（或下降窗口）后对冲既有头寸，或做保护性交易⊖；但在最近一个窗口被封闭以前，不宜激进地逆势而行⊜。

⊖ 在美国有多种保护性交易方式，例如反向期权等，使投资者既不必了结头寸，又能适当保护自己的头寸。——译者注

⊜ 如不但卖出头寸，而且卖空，或正好相反，做股指期货或其他期货对此比较容易理解。——译者注

图3-56 三个上升窗口后等待趋势的反转确认：1993年12月黄金——日线

双黑跳空

下降窗口是个空头信号，而如果随后再连续出现两个黑色实体，则更是不祥形态，这种形态称为双黑跳空（见图3-57），它强化了市场由升转降的事实。按日本人的说法，这代表"多头陷入溃败"。

图3-58是Delta股票价格走势图，在50～60美元发出大量的不祥信号，包括：

- 空头吞噬；
- 包孕形态；
- 黄昏星；
- 空头吞噬；

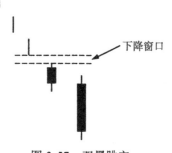

图3-57 双黑跳空

- 空头吞噬；
- 长上影线的白蜡烛线后面紧跟着一根黑线，构成乌云盖顶；而且熟知蜡烛图形态的交易者明白，那根白线之后出现的连续三根黑线，构成"三个黑乌鸦"形态。

图 3-58　双黑跳空确认阻力：Delta——日线

致命的一击是发生在 11 月上旬的"双黑跳空"——跳空黑线后面又来一根黑线。

在图 3-59 中，12 月的一个包孕形态后出现一个长黑实体，这是一个重要的预警。还要注意这三根蜡烛线（包括包孕形态的两根）都有很长的上影线。在一系列的看空信号之后，又出现一个向下的跳空缺口，这个跳空黑线后面又是一根黑线，完成了双黑跳空。

图 3-59 双黑跳空：强生公司——日线

跳空十字

如图 3-60 所示，下降走势中出现一个向下跳空的十字星，通常代表卖压增强，是个空头信号，但对这种情况，我建议应该等待确认，理由如下：如果这个跳空十字星后的第二天出现长白实体，且价格上行，则两根蜡烛线形成启明星形态，属多头信号。

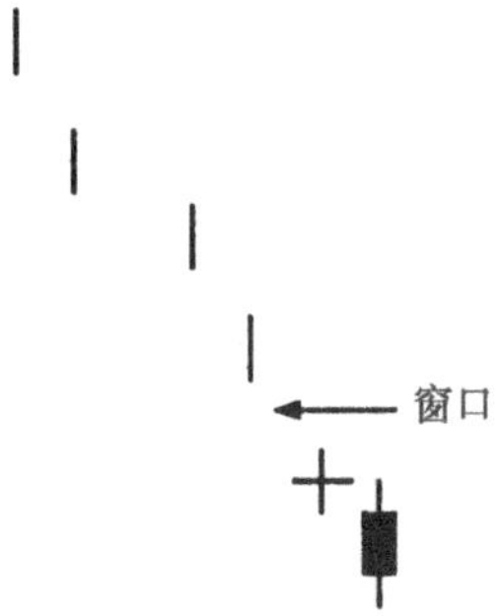

在我研究的书籍中，只提到下跌市道中的跳空十字，而不提上升市道中的跳空十字。但在我看来，没有理由不把上升趋势中的跳空十字星看成多头信号，因为既然构成上升窗口，它就符合多头信号的基本要求。在这种情况下，我建议等待确认，即第二天继续上行，因为十字星有可能代表市场进入疲惫状态，而如果紧接

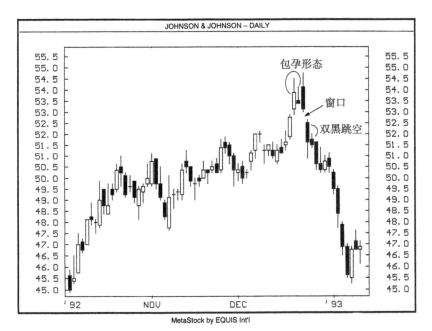

图 3-60 跳空十字星

着出现一根白色蜡烛线,则显示市场已经"恢复体力"。

正如先前十字星一节中所说的那样,如果在上升走势或长白实体之后出现十字星,则有可能是一个空头信号。然而,如果十字星是向上跳空的,则可以排除其内含的部分空头可能,因为这个上升窗口显示了市场背后的力量。

在图3-61中,十字星1并不是一个向下跳空十字,因为十字星中的高点高于前一天的低点,因此不是一个典型的跳空十字星,尽管如此,由于这个形态离跳空十字非常接近,所以我还是将其视为跳空十字。值得注意的是,第二天(十字星2)真正构成了一个跳空十字。随后虽出现锤子线和多头吞噬3,但没有能够构成支撑,导致股价收盘于这个多头吞噬的下方,所以市场的转弱信号进一步明显。最后,市场以一个下降窗口4的方式给出重要的空头信号。

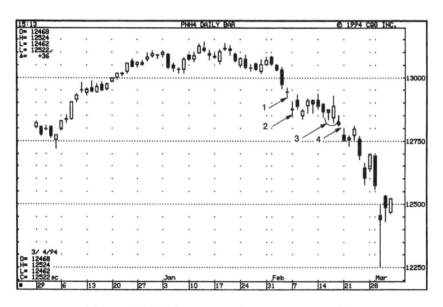

图 3-61　跳空十字星:1994 年 3 月 Notionnel 债券

跳空十字是一种比较罕见的形态。图3-62中有一个实体很小的下跌蜡烛线,虽然不是十字星,但实体小到接近于十字,而且在前一天收盘下方打开了一个窗口,所以可以视为"准跳空十字"(即使交易者不把它看成跳空十字,也可视之为双黑跳空)。这个走势图中还有多个值得注意的蜡烛图信号,暗示股价会向 40 美元附近靠拢筑底,这些信号包括:蜡烛线 1 的长下影线和蜡烛线 2 的长白实体;8 月下旬出现的流星线对从蜡烛线 2 开始的反弹构成了压力;行情突破了 9 月中旬锤子线的低点,但有趣的是,卖压在 x 处逐渐蒸发,这个蒸发过程体现为一连串实体不断缩小的黑线;长白实体 y 显示多头控制了局势。

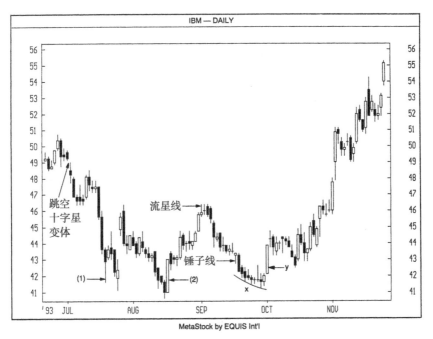

图 3-62　跳空十字星:IBM——日线

三根或三根以上蜡烛线所构成的形态

黄昏星

如图 3-63 所示,黄昏星由三根蜡烛线构成。这个形态的判断标准是:

在上升趋势中，一个长白实体（图中标示为（1））后面有一根小实体蜡烛线（2），颜色可黑可白，但不能触及蜡烛线（1）的实体，再后面是黑实体（3），这个实体一般不能触及蜡烛线（2）的实体，收盘价又要深度切入蜡烛线（1）。如果第二根蜡烛线是十字星（而没有小实体），这个形态便是黄昏十字星。

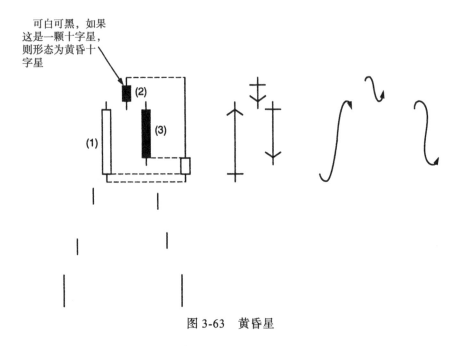

图 3-63　黄昏星

在第 2 章中，我曾提及 18 世纪中叶的一本书——《黄金泉——三猿金钱录》。这本书中提到过阴市与阳市。阳市相当于牛市，所以白线又可叫作阳线；行情走阴也就是行情下行，所以黑线也可叫作阴线。书中曾有文字道："当走势发展至极端状态时，就会出现停滞。停滞生阴。"这是对黄昏星形态变化的一个文字表述。这里解释如下：

● 所谓"当走势发展至极端状态时"，就是指黄昏星中的长白实体出现。

- 所谓"出现停滞"体现为第二根蜡烛线的小实体。这个小实体反映市场处于过渡阶段，走势由上行而进入"停滞"期。
- 所谓"停滞生阴"贴切地描述了第二根蜡烛线后生出阴线（黑线）的情况。

在这个形态中，务必等待第三个长黑实体的出现再来确认市场转熊。因为单就前两根蜡烛线而言，我们只能说市场由上行进入了牛熊僵持（体现为第二根蜡烛线的小实体）状态。只有在第三个长黑实体切入第一根蜡烛线的长白实体之后，我们才有理由相信空头已经掌握大局。

在图 3-64 中，黄昏星形态确认了空头吞噬形态所构成的阻力。由于这个空头吞噬形态与黄昏星都发生在同一区域，从而在 45 美元附近有形成双重顶的可能。在西方技术分析术语中，所谓双重顶有两个高点，如果价格进入这两个高峰之间的低点的下方，则认为双重顶获得确认。在图 3-64 中，低点是 2 月创下的，为 40.50 美元。双重顶的高点到低点之间构成一个价格区间，这个区间幅度也是下跌确认后再下跌的跌幅（所谓量度跌幅），在本图中约为 5 美元，40.50 美元减去 5 美元，就可得到本次下跌的一个目标价位，大约在 35.50 美元。如果有交易者喜欢在价格超跌时买进，可以在 35.50 美元附近寻找机会。从这个例子中可以看出，蜡烛图理论能够很容易地与西方经典技术分析融合在一起使用。

下面以图 3-65 说明黄昏星可能构成阻力位。在图中，11 月的黄昏星让 12 月的上行戛然而止。以整个黄昏星形态中三根蜡烛线的高点为阻力位，如果你能承受风险在此位置做空，我建议在收盘价上穿这个高点时，做止损操作。在本例中，就是要等待周收盘价达到这个高点以上时，才做买入止损（即图中的虚线标示处），因为一旦价格上穿这条虚线，可以认为市场确认突破了这条黄昏星所构成的阻力线。

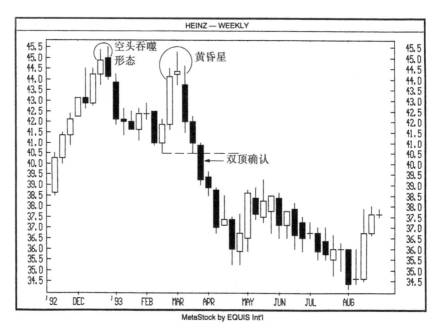

图 3-64 黄昏星确认阻力：亨氏公司——周线

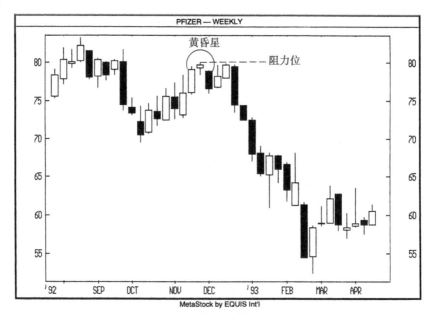

图 3-65 黄昏星构成阻力

如前所述，在股票市场中使用蜡烛图形态帮助判断决策应该有一定的灵活性（相比于期货市场）。图 3-63 显示的是典型的黄昏星形态，三根蜡烛线中，前面两根的实体相互都不触及，后面两根也是如此，开盘都出现了跳空。但是，由于股票市场的开盘价经常就是前一天的收盘价，所以实体之间可能相互触及。在图 3-66 的黄昏星形态中，第二根蜡烛线的开盘价，大约等于前一根蜡烛线的收盘价与后一根蜡烛线的开盘价。蜡烛图形态中的实体之间的相对位置在股市中允许有某种程度的弹性，但应该记住，形态越接近标准，头部形成的可能性越大。

图 3-66　黄昏星与灵活性：Waste Management——日线

在图 3-67 中，8 月下旬出现的黄昏星和传统的黄昏星不同，第三根黑线是个小实体而不是长实体，但是我仍然认为它是黄昏星的一个变体，并与传统黄昏星一样为空头信号，理由如下：

- 第三根蜡烛线虽然不是长黑实体，但仍反映空头气势很盛，因为它有能耐将价格拖到第一个长白实体的深处。
- 这个黄昏星变体出现在阻力区。在8月中旬有过一系列的空头蜡烛线信号，包括流星线、流星线后的三个长黑实体和8月24日上影线很长的蜡烛线。请注意这些空头信号都出现在2.50美元附近，正是在这个水平线上出现了黄昏星变体。

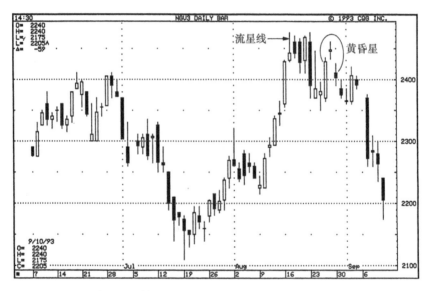

图 3-67　黄昏星与灵活性：1993 年 9 月天然气

图 3-68 是一种崩盘十字星。在高价区行情继续上行，此后出现一个向下跳空的十字星，卖压压倒了买盘。此后的一个交易时段如果是向下跳空的黑线，就构成了崩盘十字星。其中，三根蜡烛线的各自形态与黄昏十字星中三根蜡烛线的各自形态相同，差异在于十字星的位置：在黄昏十字星中，它位于长白实体的上方；在崩盘

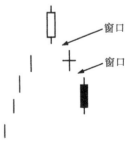

图 3-68　崩盘十字星

十字星中，它跳空出现在前面的白线之下。这个形态被认为是"大跌的前兆"。

在图 3-69 中，蜡烛线（A）、（B）与（C）虽然不构成标准的崩盘十字星，

但可以以这个形态视之，因为它具备这个形态的三个主要条件：①有一个可供逆转的趋势（白线（A）处）；②向下跳空的十字星（B）；③另一根在这个十字星下方运行的黑线（C）。

图 3-69　崩盘十字星：Gap——日线

蜡烛线（D）与（E）构成跳空十字形态，虽然与崩盘十字星类似，但跳空十字星是空头中继形态，也就是说它出现在下降走势中，而崩盘十字星是顶部反转形态，出现在上升走势之后。

启明星

图 3-70 是典型的启明星形态，构成这种形态的三根蜡烛线的实体不相

互触及。将它们组成合成蜡烛线来考察，可以发现：第三根蜡烛线的收盘价上插第一根黑线实体越高，合成蜡烛线的下影线便越长，因此，形态的多头气势也显得越强。

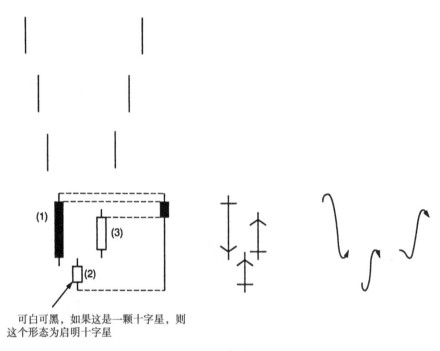

图 3-70　启明星

图 3-71 中，8 月底形成刺穿的区域构成了支撑，10 月的走势在此获得支撑，形成经典的启明星形态。请留意，这个启明星形态中，第二根蜡烛线也是高浪线。

在图 3-72 中，8 月低点位置所标示的三根蜡烛线构成启明星。这个形态中间的星形部分是十字星，所以又称为启明星十字。在启明星十字中，如果十字星与前后两根蜡烛线之间存在跳空缺口，则称为弃婴形态（abandoned baby）。在彭尼百货（JC Penney）股价走势图中，第二、第三根蜡烛线之间存在缺口，而在第一、第二根蜡烛线之间差点也形成了缺口。因此，它们几乎构成了非常少见的弃婴形态。在西方的条形图中，弃婴形态底部也是一种十字形岛状底部。你可以想象这种组合形态的罕见程度。

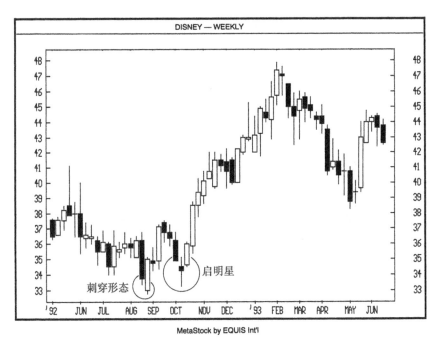

图 3-71　启明星确认支撑位：迪士尼——周线

第 4 章我会集中讨论整体的技术面与某些具体蜡烛图形态之间的关系问题。在图 3-73 中，我就这个话题稍做探讨。图中 9 月的锤子线 1 是一个可能的多头信号，但这个信号又被当天向下的跳空窗口所减弱，该窗口后来又构成一个阻力位。几天以后，又出现锤子线 2，它与前后两根蜡烛线构成启明星形态。因此，尽管在这个走势图中有两根锤子线，但相比锤子线 1，锤子线 2 显然比较有"连续性"——下影线比较长，而且是启明星形态的一部分。因此，考虑买入的交易者，应该在这个启明星形态完成后进行观察。如果交易者希望得到进一步的多头确认信号，可以等待 10 月中旬收盘价高于下降窗口阻力位之后，而在 10 月中旬出现的一个上升窗口，则给出了更强烈的多头信号。

图 3-72　启明星：彭尼百货——日线

如图 3-74 所示，1992 年 6 月的多头吞噬形态暗示 12 美元附近可能形成底部。7 月下旬，这个形态所构成的支撑位（12 美元，即多头吞噬形态的低点）被成功守住。8 月，这个支撑位被暂时突破，但多方成功地将周收盘价拉回 12 美元这个前低点（即支撑位）以上，主控了行情。如此一来，图中形成了一个启明星形态和一根弹簧线。

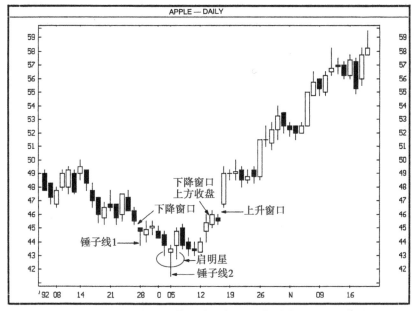

图 3-73　启明星与整体技术面状况：苹果公司——日线

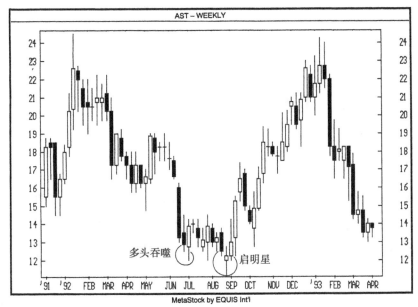

图 3-74　启明星与弹簧线：AST——周线

典型的启明星形态，第一根蜡烛线是长黑实体，第三根蜡烛线是长白实体，且上插第一根蜡烛线实体的高处。然而，在图 3-75 中标示为 M1 的启明星形态中，第一根蜡烛线是小白线而不是长黑实体；在标示为 M2 的组合中，第三根蜡烛线是小白线（箭头所指者）而不是更传统的长白实体。

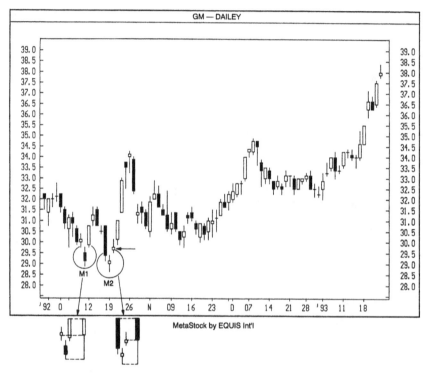

图 3-75　启明星与主观性：GM——日线

由于这两个启明星变体都靠近同一个支撑区域，因此，尽管两个组合都不是传统的启明星形态，但还是应该视为多头信号。这个走势图凸显了一个重要的事实，那就是蜡烛图识别分析是一种形态分析形式，因此蜡烛图分析中必然有一定的主观性。

关于这一点，我曾致函日本技术分析师协会，请教他们对非典型的蜡烛图形态有何高见。他们回答说："这个讨论令我们兴趣盎然，因为你竭力在日本图形解读中追求具体与精确，而我们却喜欢保留灵活性，以免挂一漏万。这或许可以归因于思维模式的差异，西方人在思考中追求精准性与确定性，而东方人喜欢保留弹性。"

这个说法强调了一个很重要的事实：我在本书中所列举的所有图形大多数属于标准形态，但在实际交易中，你不应该只识别标准形态，而排斥不十分标准的形态，因为非标准形态也可能是有效的。如果你碰到一个不十分标准的形态，又必须据此进行交易决策，你又该如何操作呢？基于我所钻研过的日本文献、与日本交易员的广泛讨论以及我个人的经验，我提出如下建议：

- 将图形视为标准形态，判读其信号，然后等待市场的进一步确认。例如，在典型的乌云盖顶形态中，第二根黑线的收盘价应深度切入前一个白色实体（到达中点以下）。如果切入的深度不及一半，应该等待观察，看看第二天的行情是否继续维持弱势格局。

- 如果某个非理想形态确认了一个支撑位或阻力位，或出现在严重超买或超卖区，形态构成反转信号的概率很大。举例来说，即使一根锤子线的下影线不是很长（因此是非典型锤子线），但如果出现的位置正好是行情下跌到前一次涨幅的50%附近，那么我会认为，它包含了传统锤子线所蕴涵的所有多头信号价值。

- 碰到非理想形态，你又需要判定它的信号，有一种方法比较有用，那就是将这个形态组合成一根合成蜡烛线，然后看看这根合成蜡烛线给出的信号与这个形态的预测是否相符。例如，在图3-75中，M1与M2的合成蜡烛线都是下影线很长的蜡烛线，两者发生在同一个支撑区域附近，而且M2之后又出现长白实体，将这些综合起来考虑，可以认为空方已经失去对行情的主导。

迭创新高（低）

大多数的蜡烛图形态都由 1～3 根蜡烛线构成，这显示了蜡烛图的优势之一：往往只要根据少数几根蜡烛线便可以判断趋势，而条形图需要考察的交易时间则长得多。如果某些蜡烛图形态的构成需要较多交易时段，那么这种形态本身往往特别有参考价值。迭创新高（低）就是这样一种形态，它由 8～10 根创出新高或新低的蜡烛线构成，交易时段很有可能超出 8～10 个。

在蜡烛图理论中，如果出现几乎连续的 8～10 个新高（或新低），则意味着先前的趋势面临改变的可能性大大增强。图 3-76a 分别显示了创出 10 个新高的蜡烛线组合，以及创出 10 个新低的一组蜡烛线。

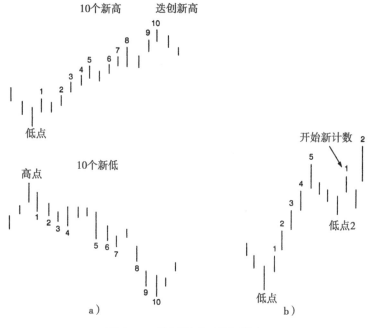

图 3-76 迭创新高（低）形态

在日本，几乎连续的 8～10 个新高（低）被视为一种非常重要的形态，有人甚至称其为"酒田身体里的根根骨头"。骨头或者骨架是人体的基础，所以这种说法凸显了迭创新高（低）形态是酒田图形的基础或者说是精华（酒田图形是蜡烛图的另一个名称，酒田是稻米交易港口城市，日本历史上著名的交易员本间宗久在这里从事交易。为纪念这段历史，日本的许多书籍中会将蜡烛图称为"酒田图形"）。

下面讨论如何计算创新高蜡烛线的数量（创新低蜡烛线的计算也一样，两者的原理是相同的）。首先，我们必须确定此前的下行行情走势中的最低点。见图 3-76a 的上半部分，在创出一个新低后第二个交易日[○]的高点抬高，这就构成了新高蜡烛线 1。此后的某个交易时段（包括上影线）创出新高后，又形成新高蜡烛线 2。请注意，在本图中，新高蜡烛线 1 的后面一个交易日并没有紧接着产生新高，所以不是新高蜡烛线。只有当后来的交易日创出新高以后，当日的蜡烛线才称为新高蜡烛线 2。

在计算逆转下行走势中的新低蜡烛线时，首先必须找到前面上行中创最后新高的蜡烛线。此后交易中创出比这根蜡烛线的低点更低的新蜡烛线，便是新低蜡烛线 1。此后如有交易日再次创出比新低蜡烛线 1 的低点更低的蜡烛线，便是新低蜡烛线 2。

迭创新高（低）形态理论认为，在行情上行时，如果已经出现 8～10 根新高蜡烛线，应该停止买进（或变现多头头寸，而且，如果在这个形态后出现空头信号，甚至可以卖空）。同理，在跌势中，如已经出现 8～10 根新低蜡烛线，应该停止卖出（或对空头头寸做对冲交易，或者如果在这个形态之后出现多头信号，可以考虑买入，以待反弹）。

○ 为方便中国读者理解，这里用的是交易日，但相关内容对其他长度的交易时段也适用。——译者注迭创新高（低）形态的构成中，新高蜡烛线或新低蜡烛线不必是连续（不间断）出现的，计点时要忽略其间出现的横向盘整的蜡烛线。但是，一般来说，在两个新高（低）蜡烛线之间的盘整蜡烛线不应该超过两根或三根，也不应该出现强劲的反向蜡烛线。

也就是说，这个形态中的新高（低）蜡烛线应该有相当的连续性，否则这个形态就失去了意义：出现8根新高蜡烛线（新低蜡烛线）时，说明市场处于超买（超卖）状态。在这种情况下，多头（空头）很有可能获利了结，价格因此很容易突然下跌（反弹）。

市场有两种方式化解超买或超卖状况，一是横向盘整，二是大幅修正。如果市场以这两种方式中的任意一种缓解了超买或超卖状态，则迭创新高（低）形态也就不再存在，因为行情之弦"不再紧绷"，不太可能引发修正。在图3-76b中，行情在5根新高蜡烛线以后很快出现连续三天的杀跌走势，由于跌幅较大，行情的超买状况得到了舒缓。如图所示，对于新高蜡烛线的计点必须从新低点2以后的新高蜡烛线起重新开始。

对于新高（低）蜡烛线的数目不必过于拘泥，8～10根只是个参考标杆而已，每个市场都有自己的特点。跟踪市场周期的人会发现不同市场有不同的周期，蜡烛图也一样，在有的市场上是8根新高（低）蜡烛线构成一个逆转前形态，而有些市场则可能是6根或者12根。

在图3-77中，我们由低点X开始计算新高蜡烛线。在新高蜡烛线8之后，连续出现两根十字星，说明市场正显出疲态。如果有交易者正在寻找卖出的理由，那么如此数量的新高蜡烛线加上两根十字星已经足够。1992年年底，新高蜡烛线11留下很长的上影线（构成流星线），成为多方的最后一逞。

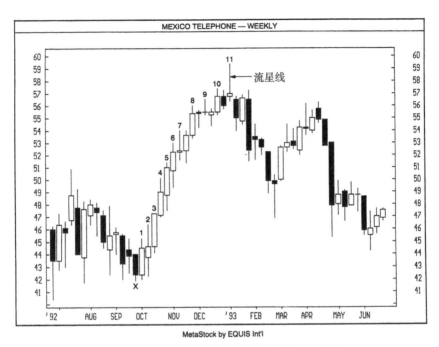

图 3-77 迭创新高形态：墨西哥电信——周线

在图 3-78 中，行情由空头吞噬形态引发大跌，几个月内，跌幅超过 50%，在创出 9 根新低蜡烛线之后，行情趋于稳定。这个走势图显示了蜡烛图的优势，它不但呈现行情的趋势，而且其颜色可以让我们直观地感受到市场的强弱状态。这个图形将强弱两种状态以两种颜色泾渭分明地反映出来，如日本人所说的那样"就像雪和炭一样黑白分明"。10 月开始由一个多头吞噬引发的短期上涨中，大多数的蜡烛线都呈白色（像雪一样），说明多头处于主导地位。11 月以后的杀跌呈现为一连串几乎不间断的黑色蜡烛线实体，触目惊心地展示市场的弱势。

在图 3-79 中，9 月上旬形成一个墓碑十字。值得注意的是，这个墓碑又确认了此前的迭创新高形态所预示的顶部信号。这个新高组合形态开始于新低蜡烛线 L 之后的那个交易日——市场创出新高蜡烛线 1。在新高蜡烛线 3 以后市场喘息了几天，然后重新上冲，又创出新高蜡烛线 4。由此可以看出，在新高蜡烛线 3 和新高蜡烛线 4 之间，市场横向整理数日，这是允许的，不影响迭创新高形态的形成（但是，如果新高蜡烛线 5 之后出现大幅杀跌，则迭创新高形态中的新高蜡烛线计数又得重新开始）。当日经指数行情攀高到新高蜡烛线 7 与 8（这两根都是流星线）时，市场已经出现不祥之兆，随后又出现的新高蜡烛线 9 还是个墓碑十字，至此，它们一起构成了市场顶部。

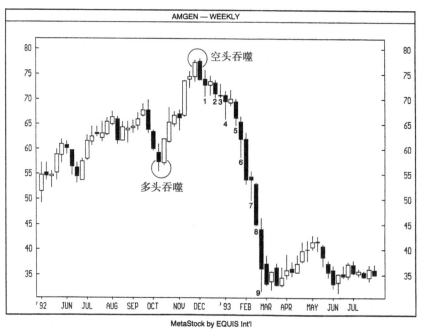

图 3-78　迭创新低形态：Amgen——周线

在图 3-80 中，在 9 根新低蜡烛线之后出现了刺穿形态，反弹可期。从 1993 年的高点 21 美元附近至刺穿形态的低点，跌幅约为 4 美元，如果期待有 50% 的反弹，则目标价位大约在 19 美元。行情的发展验证了这种预期，从刺穿形态开始的反弹行情就止步于这个位置。

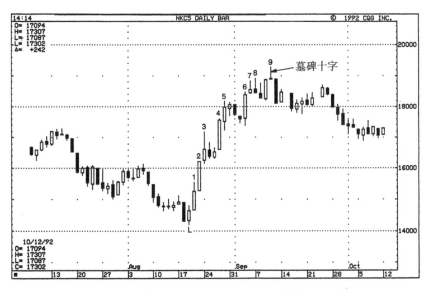

图 3-79 迭创新高与空头确认：日经指数——日线

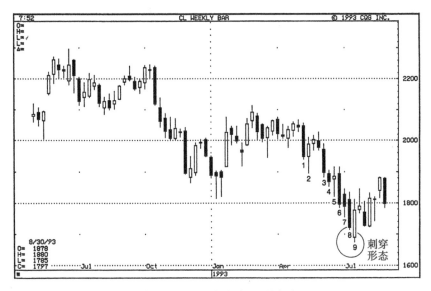

图 3-80 迭创新低与反弹高度

| 第 4 章 |

蜡烛图与市场的整体技术面

「坐井观天,天地有限。」

我曾经翻译过的一本日文书中有言："无视市场情况而贸然投资，必将遭受伏击，损兵折将。"日本人常将军事术语引入技术分析。这句话很形象地告诉我们：依据蜡烛图进行买卖决策前，一定要先考虑市场的整体状况，否则难免亏损。

日本技术分析师协会的一位会员曾给我来信说，在他眼中，市场整体技术面的重要性远大于一个个孤立的蜡烛图形态。我完全同意这种看法。要掌握有效的蜡烛图交易技术，不但需要对蜡烛图有正确的理解，而且要采取稳定而连贯的交易战略和策略。可惜一些交易者只懂得蜡烛图形态，却往往忽视了那些交易策略。蜡烛图必须与其他交易策略原则有机结合，才能成为一个有效的工具。从这个意义上说，蜡烛图虽然很重要，但也仅仅是我的工具箱中的诸多工具之一。

有弟子曾问孔子：他会带哪种秉性的人上战场？孔子回答说，他要的不是视死如归的莽汉，而是谨慎面对困难、以策略谋胜的战士。策略也正是本章的主题。我拟阐述几个策略原则的重要性：止损、风险与收益的权衡、以大势为背景观察个股的蜡烛图、交易后跟踪市场的变化。只有全面掌握、使用这些策略原则，你才能真正发挥蜡烛图的力量。当你认真理解本章的内容后，你将会意识到：某个蜡烛图形态形成前后所出现的因素，才是交易成败的关键因素。

止损

"猴子也会从树上掉下来。"

当价格到达某个点位时，你必须承认你的判断出了错，而这个价位就是你的止损点。无论某种技术分析工具如何可靠，它总会在某个时点给出错误的信号。贯彻止损策略，就等于控制交易的风险度。事实上，止损是技术分析中一个极为重要的方面，是一种风险管理的手段。

很多蜡烛图形态组合代表着压力或者支撑，比如乌云盖顶就是一种压力形态。如果你根据这个形态进行放空操作，止损点就应该是乌云盖顶最高点的上方。在图4-1中，1月开始的上升趋势出现了停滞，形成乌云盖顶的压力区，之后的7个交易日中市场受阻于这个压力区，上升态势转为横盘。但第8天出现了跳空上行的缺口（窗口），收盘价高出压力区的高点，由此发出信号：市场将再度上行。

一旦市场实际与主观判断背道而驰，人性的弱点决定了有些交易者会变得一厢情愿的盲目。例如，在图4-1中，市价已经上穿了止损位（乌云盖顶的高点），而某些做空者只会妄想着价格重新转入下跌，但在市场中常常事与愿违。一厢情愿的成本总是太高昂，恰如一句日本俗语所说，它就像"倚靠白云的梯子"，只会导致坠落。

如图4-2所示，1993年4月，大盘出现一个向上的跳空窗口。根据蜡烛图理论，这是一个支撑缺口，在9月出现的回调中，它确实一直起着支撑作用。面对这样一个缺口，交易者可以在回调到缺口区某个点位时买入，而此前做多者则应该把止损卖出点设在缺口底部下方，在周收盘（即周五收盘价）到达该点位时卖出。读者应该注意到，虽然该缺口在周内一度被完全

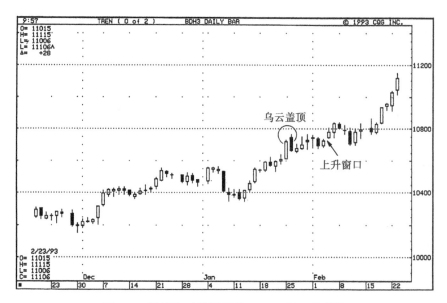

图 4-1　超越乌云盖顶形态：1993 年 3 月债券

回补，但空头力量有限，无力把股价长期压制在缺口下方。在这个例子中，尽管这是一个支撑缺口，但股价回调到缺口下方后，它所带来的情绪压力却使很多投资者难以忍受，尽管此后在周五收盘前，股价又被拉回缺口底部之上。它昭示我们，投资者的个性和修养也是交易成败的关键因素。

在图 4-3 中，Amgen 股价的上升缺口体现出支撑力，在 11 月的回调中始终没有被回补。回抽考验确认市场状况良好，推动股价向上突破 75 美元的高位。到达该价位后，蜡烛图形态呈包孕状（前一个蜡烛图完全包住后一个蜡烛图），显露出危险的迹象，并在随后的几个交易周内走出典型的头肩顶（S-H-S）形态（日本人称之为"三佛形态"）。一旦股价跌破头肩顶的颈线，往往意味着多头应该离场。如果股价封闭了原先支撑上涨的缺口，到达其下方，那就是市场转弱的最后一次预警，1993 年年初的情况就是如此。支撑缺口的完全封闭，是场内的多头止损卖出的信号。

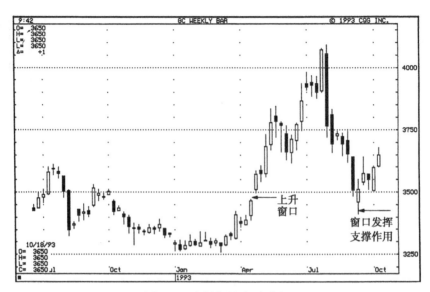

图 4-2 止损与风险耐受力

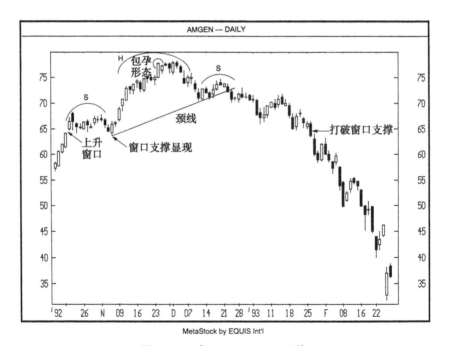

图 4-3 止损：Amgen——日线

风险与收益的权衡

"择时而攻、择时而退者胜。"

参加完我的技术分析训练后,有些学员对新学来的蜡烛图技巧跃跃欲试,一回去就急不可耐地依据它进行交易。殊不知,就像我翻译过的一本日文书(一本交易必读书)中所说:"耐心等待时间之窗的开启;耐心是交易者成功的最重要的品性。"这就是说,理想的蜡烛图形态出现时,并不意味着最佳交易时机已来临。我警示学员,在判断最佳入场时机之前,应该先权衡一下风险与收益的比率。我曾经在一个机构投资者那里做过一期特别的培训,一位听过课的交易员后来来信说:"你说得真对,对蜡烛图的零星认识只会带来危险。全办公室的人都在激动地喊着'十字星、十字星'。"

权衡风险与收益,就意味着设定止损点,这是控制风险的手段;同时还意味着设定目标价位,也就是潜在的回报。目标价位的确定有多种方式,包括艾略特波浪理论、支撑位和压力位等。由于蜡烛图技术通常不能给出目标价位,我常常推荐人们将西方技术分析与蜡烛图结合起来使用。蜡烛图最擅长发出趋势反转或者趋势持续的信号,而西方技术分析工具中的回调幅度与趋势线等有助于设定目标位。当然,你也许已经有了自己的目标价位设定方法。

请记住,在某个蜡烛图形态完成时,除非你判定风险与回报比率很诱人,否则请放弃交易。有句日本俗语所说的极是:"勇士的潜能是一张拉满的弓,但关键在于放弦的时机。"放弦的时机就取决于对风险与收益比率的研判。

在很多情况下,你只能拉弓等待。比如,当蜡烛图形态中多头或者空头信号出现时，如果风险与收益比率并不诱人，你应该放弃交易（除非你的交易是为了对冲保值）。如市场处于长阴长阳交错出现的大幅震荡时期，交易者也该退场观望。某日本技术分析著作将此种状况描述为"像8级地震"。如果有谁试图在此时入场交易，就如同一本日本书中所说的："这是一种无谓的牺牲，一点不好玩。"

在图4-4中，9月初出现了阴包阳、呈吞噬状的熊市蜡烛图形态。由于吞噬性阴线的高点为压力点，所以，交易者如果此时想做空，止损点可以设定在这个形态的高点465的上方，以锁定风险。而目标价位则可以参照上月中旬的（或其他）上升缺口。这样一来，止损风险相比目标价位所体现的收益潜力来说很低，这个空头吞噬蜡烛图形态就构成了一个诱人的做空时机。

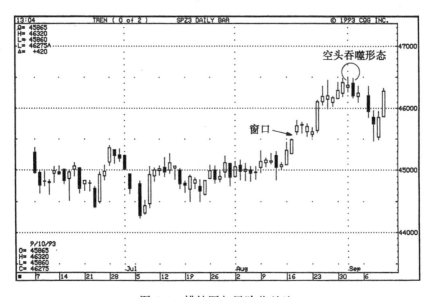

图4-4 蜡烛图与风险收益比

在图4-5中，1月出现了一个多头吞噬，股价由此回升，后来出现了一个上升缺口，两个交易日后，又是一根吞噬形态的长阴线。如果依此形态卖空，交易者必须问一个问题：此时卖空，风险收益比率诱人吗？（一般来说，股市卖空相对较少，但不妨以此蜡烛图指导其他市场的买卖，如期货市场，期货中做空比较常见。）如果全面分析技术形态，权衡风险与收益，就可发现这笔交易形同鸡肋，原因在于空头吞噬前面出现的上升缺口，如在当前价位卖空，止损点应该设定在大阴线的上方，而作为目标价位的上升缺口就在下方不远处，这样，风险与收益只能打个平手，这笔交易的收益风险比率很低。几周之后，蜡烛图走出了乌云盖顶的组合，此时如果以乌云盖顶的顶部为止损点，以上升缺口的底部为目标价位进行放空交易，将是一次收益不菲的战机。

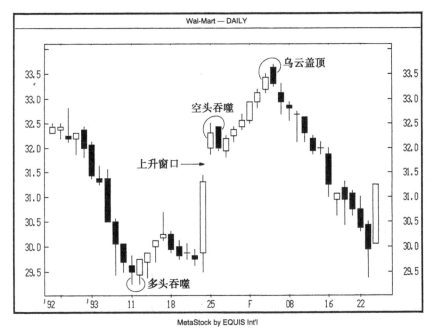

图 4-5　蜡烛图与风险收益比的重要性：沃尔玛——日线

图 4-5 说明了一个道理：很难在多个蜡烛图技术形态中确定哪个更重要，哪个更能说明问题。这张图中有一个空头吞噬形态。一般认为，阴线

吞噬部分阳线的乌云盖顶组合所显露的空头威力要大大弱于空头吞噬。但是就本例而言，依据乌云盖顶形态卖空相比依据空头吞噬卖空，能够获得更好的交易收益机会。

图 4-6 显示，一个看涨的蜡烛图信号并不能保证新多获利。1 月 8～10 日，蜡烛图走出了一个启明星的看涨组合，10 日（当日启明星形态完成）的收盘价为 1205 美元。此时的价位是否值得买入？我们来做一次风险收益比率评估。首先要确定收益潜力。我们看到，上一年 11 月下旬的 1220 美元附近曾是一个支撑位，根据两极转换原理，原先的支撑位现在（1 月上旬，看多启明星形成之时）变成了压力位，交易员因此可以预计反弹会到达 1220 这个阻力区附近，因此目标价格也就在 1220 附近。其次，我们来控制风险，依据蜡烛图理论，启明星的低点 1169 美元应该为现在的支撑位，也就是说止损位应在启明星低点 1169 的下方，如果未来的某个收盘价低于这个点，做多者应止损离场。

图 4-6　风险收益比：1992 年 3 月可可

由此可见这笔交易的几个参数：买入点为 1205 美元（启明星形态完成时的价位），止损位为 1169 美元，收益目标价位为 1220 美元。这就意味着 36 美元的风险与 15 美元的目标收益。无论怎么解释，这个收益风险比率都太低。由此得出的结论是：不要在某个蜡烛图形态出现之时就急于下单交易。请注意，这个启明星的底部一周以后成了支撑位。由此展开的上涨又如期在 1220 美元区域遭遇抵抗，形成高浪线 1 与长黑实体 2，两者构成一个空头吞噬形态。通常来说，一波小幅上涨之后出现空头吞噬不必太在意。但是，在本例这个具体情况中，它却是值得注意的一个信号，因为它确认了 1220 美元这个阻力区。

趋势

"下坡容易上坡难。"

日本有个美丽的说法，描述某些事物间的关系"就像风与云以及花与风的关系一样"。允许我把这个表述挪用到市场交易中。在这里，风代表趋势，云与花代表价格，价格的波动取决于趋势，恰如云和花的摆动控制在风的力量与方向中。因此，在趋势中判定价格的高低是非常重要的。也就是说，在决定新建一个仓位以前，应把当前的蜡烛图组合形态放在行情走势的大背景中来考虑。

如何把蜡烛图形态结合到行情趋势中？我的建议通常是：顺着趋势的方向下单交易，反转信号出现后冲销既有头寸。举例来说，在上升趋势中如果出现空头信号，就要冲销既有的多头头寸（或采取其他保护性措施，包括卖出买入期权，调高卖出（止损）价位）。上升趋势如出现多头信号，则可以建立新的多头头寸。在大幅下降趋势中，操作恰好相反。具体来说就是，在熊市中，主要应等待空头信号，一旦出现就建立新的空头头寸；熊市中的多头信号也可辅助使用，即一旦出现也许就可以考虑平仓既有的空头头寸。

我们可以有多种方法来判断趋势（在本书的下篇中，我们将讨论日本交易员与投资者常用的一些趋势判定方法）。本节的重点不是帮助你找到判定趋势的最佳方法，而是引导你将趋势融入蜡烛图分析之中。但我会讨论西方技术分析中所包含的用来判定趋势的常用方法，例如趋势线与移动平均线等。

读者如果有兴趣学习最流行的西方技术分析工具运用的实战技巧，包括趋势判定技术，我强烈推荐一本书：《期货市场计算机分析指南》（*Technical Traders Guide to Computer Analysis of the Futures Market*），作者是查尔斯·勒博和大卫·卢卡斯。即使你不以计算机从事交易，也不用让这书名吓着你。这是使用西方技术分析工具从事交易者不可或缺的参考书。

趋势线是判断趋势的最基本方法之一。在图 4-7 中，从 6 月下旬到 8 月上旬之间构成了一条压力线，使得市场一路走熊。然后有多根蜡烛线发出正在筑底的预警信号，具体来说，它们包括：7 月的锤子线、8 月上旬的启明星、8 月下旬的上升窗口（它使得一个岛形底部得以完成）。但是要注意，所有这些向好信号发生的背景是一个熊市市道（体现为那条向下延伸的压力斜线（下降趋势线，也是下降压力线））。只有当行情突破了这条趋势线之后，一个新的多头趋势才获得了确认，行情开始向上攀升，但受阻于 9 月，形成一个乌云盖顶，而这个乌云盖顶形态又成为后续走势的阻力位。

如图 4-8 所示，7 月初形成了一个空头吞噬组合（两根蜡烛线中间出现空档是因为当时正逢假日）。如果我们看一下整体技术面状况，包括那条趋势线，可以看出，如果根据这个空头吞噬而卖空，那么收益风险比明显过低，因为平仓的目标价位理论上是上升趋势线所构成的支撑位，止损点则在空头吞噬的上端。后来的行情发展证明，一直到 7 月 19 日收盘价到达趋势线下方时，这条构成支撑的上升趋势才被确认跌破。

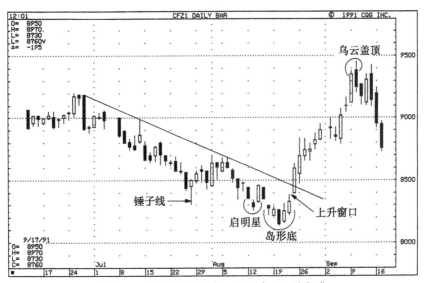

图 4-7　确认趋势反转：1991 年 12 月咖啡

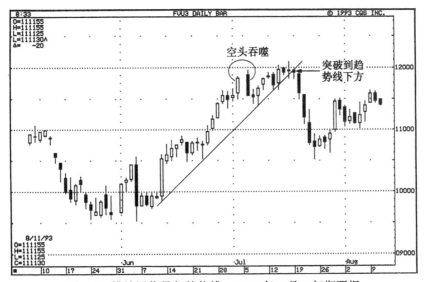

图 4-8　蜡烛图信号与趋势线：1993 年 9 月 5 年期票据

图 4-9 用来说明一种策略：在多头趋势中，多头信号可以用于在价格回落时的买进机会。图 4-9a 中有一条非常确定的上升趋势支撑线（趋势线受考验的次数越多则越重要）。蜡烛线①是 1993 年 9 月 15 日早盘后的形态，由于当天的交易尚未结束，所以蜡烛线①还不是一条完整的蜡烛线（我们知道一条蜡烛线的完成必须等待收盘后有了收盘价才行）。在图 4-9a 所停顿的时间点上（9 月 15 日上午），市场刚刚考验了一条长期的上升趋势线（支撑线）。现在让我们把目光转到图 4-9b，它是一个 30 分钟蜡烛图，图中显示，在 9 月 15 日上午，蜡烛线构成多头吞噬形态。图中的虚线代表的是与日线图中一样的那条上升趋势线。我们发现，尽管行情不断杀跌，逼近上升趋势线，但这时却出现了一个多头蜡烛图信号。这说明了一个观念，在一个牛市市场中，市场向下修正时也会出现多头蜡烛图信号，而这正是我们需要寻找的买入时机。

a）1993 年 12 月债券月线

图 4-9 蜡烛图与趋势线

第 4 章 | 蜡烛图与市场的整体技术面 145

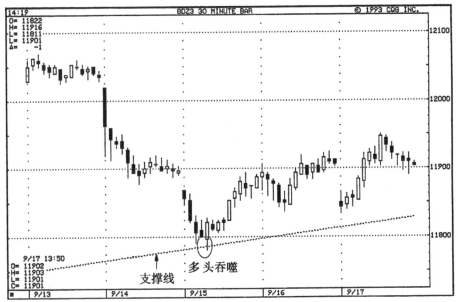

b) 1993 年 12 月债券日内分时蜡烛图

图 4-9 （续）

对于以移动平均线来判定趋势的投资者，我利用图 4-10 来说明如何利用蜡烛图信号在趋势内进行操作。由于行情运行在移动平均线之下，所以趋势是下行的。在这种市道中，可以见空头信号而卖空，而见多头信号则应该平仓空头头寸。偏好风险的交易者可能愿意在熊市中买进，那么就要将短期阻力区作为预定的获利了结目标价位。在本例中，6 月的反弹起始于一个包孕形态，但行情碰到 52 周移动平均压力线后，蜡烛图反映卖压猛增，出现了长上影线（蜡烛线①）和长黑实体（蜡烛线②）。交易者如果在包孕形态处买进，则移动平均线构成的阻力区应该设定为卖出区域。对于喜欢跟着整体趋势顺势交易的投资者而言（在本例中就是逢反弹卖空），前述空头蜡烛图信号可以用来卖空。图中的下降窗口显示空头进一步压低了行情。7 月中旬出现了长白实体，暗示市场可能转强，但由此展开的上行再度受阻，形成一个十字星，正位于移动平均线体现的压力区。这是一个特别诱人的卖空时机，因为这个十字星不但正好位处 52 周移动平均线，而且也正好出现在下降窗口所构成的压力区。行情由此处开始杀跌，出现 9 根新低蜡烛线后才发生了反弹。

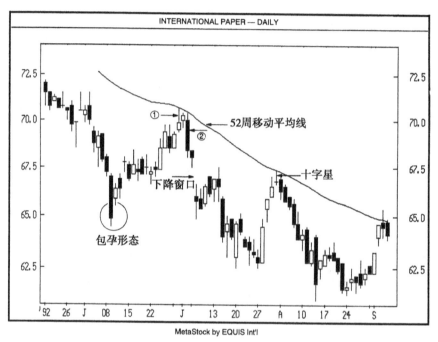

图 4-10 跟着趋势线交易：International Paper——日线

做一个市场变色龙

"随机应变者胜。"

下单交易，就意味着你对市场的趋势有了自己的期待和判断。但是，市场如水，瞬息万变。因此，你必须持续关注行情的演变轨迹，以确定价格的变动是否符合你的预期。如果市场的发展出乎你的意料，就必须采取恰当的对策。所谓"做一个市场变色龙"，就是要顺应市场情况调整自己。做一个市场变色龙，迅速而有效地适应新的市场环境，是成功交易的关键。数年前我听到过一个很恰当的比喻，将交易比作比剑决斗。比剑决斗的结果，有生有死；交易的结果也是有生有死。在英语中，quick 一词有两个意思，一是"迅速"，一是"活着"。在比剑决斗中，你必须反应敏捷，否则就可能丧命。交易也一样。做一个市场变色龙，就是迅速地因应市场的情况，调整自己，这样才能"活下来"继续从事交易。

只要你对行情形成了某个判断，就意味着你认为行情在某个时限内不会到达某个价位。如果行情恰恰在这段时间内达到了这一价位，就证明你的预测是错误的。在这里，我用图 4-11 来阐明这个概念。在图 4-11 中，10 月下旬形成了一个乌云盖顶形态，于是我看空后市，因为许多技术信号在这里交汇在一起，暗示行情不会收盘于 36 美元上方。而且，我有四个理由来判断此后的反弹（如果有的话）都不能越过 35.50 ～ 36.00 美元：

- 乌云盖顶的高点 35.50 美元应该会成为阻力位。
- 有一个小型下降窗口在 36.00 美元附近构成阻力。
- 下降窗口形成之前的三个交易日的蜡烛线低点在 36.00 美元。按照旧支撑会转变为新阻力的理论，这个价位会成为阻力位。
- 按斐波那契折返幅度（62% 反弹或回调幅度，相当于黄金分割）理论测算，市场如果反弹，反弹幅度应不超过 A 点与 B 点之间的跌幅的 62%，算下来这个高度大约在 35.50 美元。

图 4-11 寻找改变市场舆论的价格

在本例中，如果多方有足够的力量推升价格，使之收盘于 35.50～36.00 美元阻力区的高点以上，就会证明我的判断发生了错误，此时必须改变看空的立场。换言之，我必须改变自己的判断，以适应新的市场条件。但行情的发展验证了我的判断，多头在见到乌云盖顶形态后数周内试图上攻 35.50～36.00 美元的阻力区，但无功而返。

在图 4-12 中，12 月下旬的吊颈线与空头吞噬（中间的空档是假日）确认 20 美元附近是个阻力位。在这个区域，价格开始下滑，1 月上旬行情在前一个月形成的 19 美元附近支撑位试图企稳。但是，1 月 12 日的长黑实体跌破了 19 美元的支撑位。至此，所有的信号都是负面的。但是，长黑实体之后的高浪线发出蜡烛图信号，提示市场可能"变脸"。下一周，盘面又形成启明星形态，再次提示应该改变此前的看空判断。此后出现上升窗口，成为市场逆转的最后一个证据。

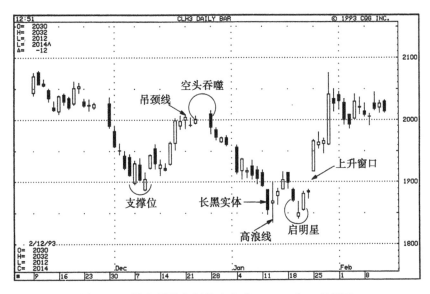

图 4-12　做个紧跟市场的变色龙：1993 年 3 月原油

计算机与蜡烛图

"最锋利的刀，最应该小心使用。"

许多技术分析师会利用计算机来测试各种交易策略。随着计算机的日益普及以及蜡烛图理论的广泛流行，交易者可能希望用计算机来筛选最可靠或最重要的蜡烛图组合形态。对这些人士，我有个忠告：除了让计算机帮你寻找、挑选蜡烛图形态以外，还有许多因素必须纳入思考。这是本节的讨论重点。

蜡烛图形态出现的位置

如前所述，任何蜡烛图信号都必须置于此前的市场技术形态这个大背景中来观察。这与人们经常问我的一个问题有关：哪些蜡烛图形态最重要？

在回答这个问题时，我总是首先建议考虑形态所传达的行情信号。例如，在比较乌云盖顶与空头吞噬形态哪个更重要时，我一般会认为，空头吞噬形态似乎更重要一些，因为这个形态中的第二根黑线收盘于前一根白色实体的下方，而乌云盖顶的第二根黑线只切入第一根白线的实体内部。所以，相比乌云盖顶形态，空头吞噬显示的空方控制程度更强（见图4-13）。

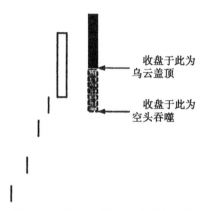

图4-13 乌云盖顶与空头吞噬比较

但是，我们绝不可以孤立地看待任何一个蜡烛图组合形态的意义，交易者必须观察这个形态周围的技术面。例如，如果乌云盖顶发生在重要的阻力位，而空头吞噬并不是出现在这种位置，那么前者的空头反转信号就强于后者。孤立地看一个形态是非常危险的，前面出现过的图4-5可以表明这一点：就收益风险比率来考察，图中的乌云盖顶相比空头吞噬形态而言，是个更诱人的交易（做空）机会，而那个空头吞噬则实际上没有构成机会，是个诱人的陷阱。一位日本交易员对此有句很有道理的话："形态的位置比形态本身更重要。"因此，当你决定测试某个蜡烛图形态的可靠性时，绝对不可以只根据这一个形态来进行买卖决策，首先必须分析形态所在的位置。

如何决定一个蜡烛图形态的具体标准

对蜡烛图形态的判读，所依据的是对市场心理的正确推断。想想看，如果出现乌云盖顶，意味着市场发生了什么变化？在一根强劲的长白实体之后，行情高开，但收盘价低于前一根白线的收盘价，这不是清晰地显示空方已经从多方手中夺取了控制权吗？但是，蜡烛图形态是形态，不是数学，不直接依据数据来做判断，这一点使其区别于移动平均线及摆动率，对后两者可以很容易地进行计算判断。以移动平均线来说，今天的数据是否高于昨天，计算机可以给出明确的判断。蜡烛图形态不是如此清晰、明确，在判断某个蜡烛图或某个蜡烛图组合是否属于某种形态时，必然依赖主观解释。

在标准的乌云盖顶中，第二根黑线必须切入第一根白线实体的中点以下，这是一个可以量化的规则。如果某个形态像乌云盖顶，但又不是非常标准，黑色实体没有切入白色实体中点的下方，那么严格按标准工作的计算机，在筛选中就会排除这个形态。但是，如果这个非标准形态发生在重要阻力位呢？在这种情况下，我会将其视为与传统乌云盖顶形态有一样的空头内涵，如果依赖计算机而忽略这个形态的空头信号，显然是危险的。图 4-14 就反映了这种情况，我在乌云盖顶后面加了一个问号，因为它不是一个标准的乌云盖顶，第二根黑线的收盘价未到达前一个白色实体的中点以下。尽管如此，我仍然视之为乌云盖顶，理由如下：首先，黑线的上影线非常长，显示价格迅速从高点大幅下撤；其次，这根黑线的收盘位破坏了市场的技术面，因为它把价格压制在先前的一个高点（图中标示为 H）以下，这是一个上插形态，是个空头信号；最后，乌云盖顶以后，行情收低，再次确认市场的内在弱势。

因此，即使只是让计算机帮你做一些最基本的筛选工作，也可能产生问题。如果要依赖计算机进行蜡烛图形态寻找与筛选，请记住，所有的这些标准形态只是信号标杆而已。标准形态相对容易量化，可以依赖计算机进行判别，而非标准形态也不容轻易放过，因为它们往往也是重要的市场信号。在这种情况下，主观判断就非常重要了，非计算机可为。这和标准条形图的识别中所涉及的主观成分其实是一样的。

图 4-14 蜡烛图与主观性：美国银行——日线

下单交易

一旦某个蜡烛图形态出现，是否意味着它发出了买进或卖出信号？当然不是。如前所述，不能根据一个孤立的形态进行交易，必须首先考察这个形态形成时的整体技术面。

以流星线为例，如果某个流星线同时形成一个上升窗口，计算机程序会根据这个形态给出不恰当的卖出信号，图 3-49 反映的就是这种情况，后来的发展证明了这是一个错误的卖出时机。所以，让计算机根据形态给出交易信号，然后据此交易，而忽略当时的整体技术面情况（包括重要趋势、先前的价格变动等），就可能犯下错误。

另一个要考虑的重要问题是本章讨论过的收益风险比率问题。当一个蜡烛图组合形态出现时，并不一定就意味着要根据其信号进行交易。例如，如果黄金市场出现了一个启明星形态，潜在收益目标价位是 15 美元，而潜在风险也是 15 美元，是否还要按照这个多头信号进行交易？根据这个形态建立多头头寸是否合理？在本例中，回答当然是否定的。因此，某个交易是否合理，是否合算，取决于这个形态形成时市场当时的风险度、潜在收益率参数。

再举一例，在图 4-15 中，有两根锤子线。锤子线通常有潜在的多头意义，但从收益风险比率考虑，图中这两根锤子线都不构成做多理由。在这两个形态发生时，潜在风险大约都是 15～20 点（假定在行情下行到锤子线的低点以下时进行止损交易），而潜在收益是 20～25 点（因为 425 附近是阻力位）。如果根据计算机程序自动决策进行交易，在本例中都可以获利，因为在锤子线之后果然行情上涨。但是，从理论上讲，根据合理的资金管理原则，这两个多头信号还是放弃为好，因为相对于潜在收益而言，风险度还是过大。

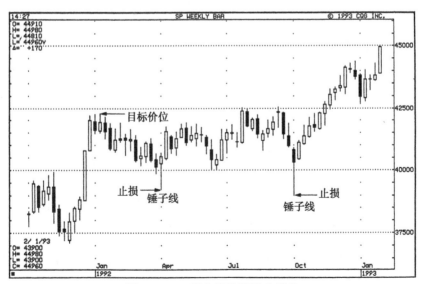

图 4-15　一笔交易的风险收益比

何时冲销一笔头寸

在计算机上进行止损设置是很容易的事情（某些计算机程序甚至没有设定止损，完全违背风险管理的概念，是一种非常危险的操作程序），但止损目标究竟如何决定呢？某个时候，某位交易者可能会设在上周的低点，而下一次，某位交易者可能将其设在支撑线上或者50%的反弹位或回落位。每一位交易者都有自己的风格，因此利用计算机进行蜡烛图买卖操作时，要考虑自己的个性。

在图4-16中，有一个黄昏星形态和一个多头吞噬形态。多头吞噬形态出现后，可以预期价格将会反弹，但反弹的目标价位如何设定呢？必须依赖其他的技术分析工具，因为蜡烛图理论通常不提供目标价位。

图4-16 蜡烛图与价格目标：1992年12月英镑

原先的支撑可以转化为阻力。根据这个理论，某位交易者也许会将目标价位设在七八月的支撑区，大约在1.85美元处。从图4-16中可以看出，如此期待，交易显然不会成功。但是，如果有另一位交易者根据斐波那契比率理论，将反弹幅度设定为 9 月高点到低点之间跌幅的 38%，交易就会取得成功。对于第一位交易者来说，因为所设定的目标 1.85 美元没有达到，他也许就会认为这个多头信号不可靠。对于第二位交易者来说，行情符合预期，实现了目标（38% 的反弹），他就会认为这个多头信号很成功。因此，在判定某个蜡烛图形态是否可靠时，必须考虑交易者的风格。

如何依据蜡烛图交易，很大程度上取决于你的交易理念、风险偏好与个性，而这些都是非常个人化的因素。如果你决定测试蜡烛图形态的可靠性，或者利用计算机来帮助你进行蜡烛图交易，还需要给自己定下交易标准和规则。在将蜡烛图应用于市场时，一定要考虑自己的交易风格。只有将这三者（蜡烛图理论、市场、交易个性）有机结合在一起，才能发挥蜡烛图的巨大威力。

| 下 篇 |

BEYOND CANDLESTICKS

差异指数与新价图

温故而知新

引 言

一部研究技术分析的日本专著中的说法很有见地："市场就像拔河，关键就是要让对手失去自己的阵地。在拔河比赛中，一旦双方的力量均衡被打破，其中一方被拽离自己的阵地，输赢就算见了分晓。市场行情的演变也是如此，因此我们必须注意力量的优势究竟在哪一边。"本书下篇中讨论的新技术（至少对西方而言是新的）能帮助你判断究竟是谁掌握着市场的优势，是牛还是熊。

差异指数是在日本广泛运用的一个工具，它和西方的双移动均线相似，但是相比传统的西方移动平均线技术，差异指数更有利于对行情时机的把握。第5章讨论的就是差异指数。

第6～8章分别讨论了三线反向突破图、砖形图、钥匙图。按它们在日本的流行程度排列，钥匙图位居第一，其次是三线反向突破图，最后是砖形图。这些图形与西方的点线图非常接近，但不需了解西方的点线图，也能理解日本的这三种图形技术。

日本的蜡烛图早于西方的条形图，同样，日本的三线反向突破图、砖形图、钥匙图也早于西方的点线图，这三种图形技术在日本已经使用了很长一段时间。日本技术分析师协会的一位会员告诉我，他曾经亲眼见过1876年的稻米行情钥匙图。但是，我自己的研究显示，与蜡烛图技术不同的是，三线反向突破图、砖形图、钥匙图在历史上没有留下多少可供参考的资料，原因可能是蜡烛图外观形象，使用起来有较多的灵活性，普及程度较高，而三线反向突破图、砖形图、钥匙图比较死板，给主观阐释留下的空间很小，使用者多为日本金融企业的管理层，普及程度不高。

西方的条形图不同于点线图，日本的三线反向突破图、砖形图、钥匙图也与蜡烛图不同。在蜡烛图上，只要有一个新的交易时段，就会有一根新的蜡烛线，不管是否创出了新高或者新低。而在本书下篇探讨的图形技术中，只有在某个交易时段创出新高或新低以后，才会添加一条新线，正因为如此，我给下篇取名为"差异指数与新价图"。

三线反向突破图、砖形图、钥匙图与蜡烛图的另一个差异在于：这三种新技术忽略时间因素，反映的只是价格变化。由于在这些图形中，行情不反映时间，而只反映价格变动，因此传统上，这些图形没有一个表示时间的横轴。但是为方便讨论，我在本书中还是会用一个横轴来标示大体的时间。

三线反向突破图、砖形图、钥匙图之间有相同之处，也有所差异。我将在不同章节分别讨论这三种图形及其相关的技术。对有些技术而言，使用者必须预先确定一个反转值才能画出一条反转线。而对另一些技术而言，行情本身会指令交易者是否需要画一条新线。三线反向突破图、砖形图、钥匙图固然互不相同，但都是强大的市场武器，都应该成为交易者技术装备库的一部分。这些新图形技术的优点很多，其中包括：

- 使得支撑区、阻力区、密集区更明显。
- 因为过滤了次要的价格变动而使得图形更能捕捉重要的行情变化。
- 凸显行情的总体趋势。

- 因为压缩了价格变动而使得图形能相对宏观地反映市场，提供一种长线视角。
- 有助于判定冲销头寸的时机：一般而言，蜡烛图不提供价格目标，而这些新技术发出的反转信号可以用于了结头寸的交易指令信号。
- 它们为只提供收盘价的市场提供了一种技术分析工具，因为这些图形只需要收盘价就可以画出。共同基金和国库券等金融票据的收益率等都可以用三线反向突破图、砖形图、钥匙图来分析。

相比蜡烛图而言，三线反向突破图、砖形图、钥匙图的反应比较慢，因此比较适合相对长期的投资者。但是，短期交易者也能从这些技术中获益，因为它们都是判定趋势的实用而强大的工具。趋势一旦判定，我们就可以用蜡烛图顺着趋势的方向进行操作。

只要调整反转的判定标准，我们就能调整三线反向突破图、砖形图、钥匙图的敏感性，这些在后面的各章中都有讨论，我会分别探讨如何调整各种图形的敏感性。短期交易者一般喜欢让图形更敏感地反映价格变化，而有些交易者更关注市场的大趋势，他们采用的反转值就可能比较大，这样一来，同一个图形所能反映的市场信息量就比较大，这有利于交易者建立对市场的长期视角。这就带出了这些新图形技术的另一个重要优点：通过调整反转标准，交易者能根据自己的交易需求来调整图形的敏感度。

一般而言，敏感度越高，图中的交易信号就越多，图中的波动也越频繁，也许一个趋势刚出现不久，图形似乎就呈现出一种新的趋势。而如果降低图形的敏感度，加大反转值标准，那么等到图形告诉你反转趋势形成之时，行情也许已经远离顶部或者底部。

选择反转标准是一种主观活动，取决于多种因素，包括行情的波动率、标的物的价格高低，以及交易者的交易风格、时间周期选择和风险偏好。因此，我不想讨论何谓最优化的反转标准，但是我会介绍日本交易者中最流行的反转标准设定。

通常来说，这些新价图没有蜡烛图灵活，因为蜡烛图能更详细地反映反转信号之间的种种渐变状态。例如，上升趋势后的一个小实体可以被视为上升动能的衰减，但并不一定表明行情即将反转。而本书下篇中的这些新技术则相对明确地表明了市场究竟是否发生了反转。

利用这些新图形进行交易，要遵循一个重要原则，即这些图形是以收盘价为依据的，因此反转信号必须以收盘价来确认。但是，这时价格可能远离预设的反转值。例如，如果反转值设定为 2 美元，必须等待收盘价出现 2 美元以上的变动时，我们才能确认反转形成，但收盘时的价位可能已经出现了 4 美元以上的变动，结果交易者就丧失了这 2 美元的价格变动所带来的市场机会。为绕过这个问题，有些日本交易者会在盘中（而不是收盘）到达反转标准时先建立一个小头寸，然后等待收盘确认，如果收盘继续确认反转成立，他们就在收盘时加仓，或者等待市场调整时再加仓；如果收盘未确认反转，交易者就会了结此前建立的小头寸。

因为三线反向突破图、砖形图、钥匙图大多使用日或周收盘价，因此本书第 6～8 章使用的多为周线图或日线图。但是，日本的某些交易者使用日内分时钥匙图（三线反向突破图、砖形图一般不用日内分时图，可能因为历史证明它们相对而言不那么有效）。因此，有条件的交易者也可以用日内盘中数据来画钥匙图。

第 6 章探讨三线反向突破图，第 7 章讨论砖形图，第 8 章讨论钥匙图。每一章的结构相似，首先是概述，为读者提供一个基本的认识，如果在阅读完这一部分后你的感觉还是不够清晰，也不必焦虑。其后的"画法"一步步教你画图，直观而清晰，能帮助你有效地掌握这些图形技术。

　　研读完"画法"部分后，你对相关技术应该已经有了完整的理解。紧跟其后的是"交易技巧"，介绍的是相关的比较流行的交易策略。第 6～8 章的结尾处提供了许多数据，帮助你进行三线反向突破图、砖形图、钥匙图的画图练习，紧随其后出现的就是这些练习的参考答案。

　　这些新技术的使用方式千变万化，这里介绍的是一些在日本最为流行的使用方式，但远不是全部。与我有深交的每个日本交易员、我翻译过的每一篇文章或每一本书，都能让我见识一种新的交易技术。这给了我一个启发：三线反向突破图、砖形图、钥匙图的使用方式和威力是无穷的，我们应该灵活应用，充分发展。因此，本书下篇的目的是为你建立一个坚固的平台，在这个平台上，你应该发展你自己的交易策略和思想。

| 第 5 章 |

日本人如何使用移动平均线

「耐心之树结出黄金果。」

日本人与西方人一样将移动平均线视为重要的交易工具。日本的移动平均线技术有很多，其中包括黄金交叉、死亡交叉、差异指数、移动平均线背离等。我自己的研究以及与日本交易员的探讨表明，日本的短线交易者最喜欢使用 5 天、9 天或 25 天平均线，而长线交易者喜欢的是 13 周、26 周或者 75 天与 200 天移动平均线。但这是大体而言的，与西方的交易者一样，日本的投资者各有最喜欢的移动平均线，不尽相同。

黄金交叉与死亡交叉

日本人喜欢使用长短期两条移动平均线，例如有些人会使用一条 13 周移动平均线和一条 26 周移动平均线。如图 5-1 所示，如果一条相对短期的均线（这种长短都是相对而言的，因此下面的表述中不再出现"相对"一词）上穿另一条长期均线，它就被视为一个多头信号。日本人将这种交叉称为"黄金交叉"。死亡交叉就是短期均线下穿长期均线，是个空头信号。

在图 5-2 中，26 周均线显示为一条实线，13 周均线则为虚线。1992 年 7 月，短期均线下穿长期均线，构成空头信号。1992 年 11 月，13 周均线上穿 26 周均线，完成了一个多头的黄金交叉。1993 年 5 月，一条吊颈线（它又与后面一个交易周的蜡烛线构成了空头吞噬形态）表明市场有可能发生修正，与此前的一个死亡交叉相互印证。

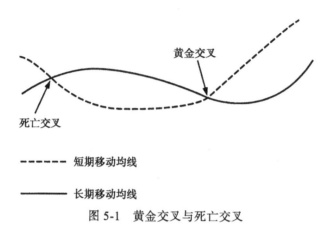

图 5-1　黄金交叉与死亡交叉

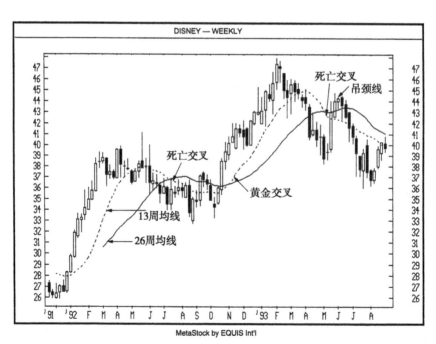

图 5-2　黄金交叉与死亡交叉：迪士尼——周线

差异指数

差异指数也称差异比率，用百分数表示，以收盘价减去移动平均值后的差除以所选定的移动平均值得出。如果某个收盘价的13周差异指数为-25%，就表明收盘价比移动平均值低25%。如果某个200天差异指数为+12%，则表示当前的收盘价比200天移动平均值高12%。

日本人会有"价格与13周移动平均之间的分离扩大到50%"或者"行情异乎寻常地处于13周移动平均下方31%处"等类似的说法，指的都是这种差异指数，都是用当前的价格与13周移动平均相比较后得出的数据。

图5-3显示的是9日差异指数。图中：

- 区域1：差异指数为0（图中标示为①处），表示当天的价格与所选定的移动平均（本例中为9日移动平均值）相等。
- 区域2：差异指数在0的下方，表示当天的价格低于所选定的移动平均，幅度用百分比表示，图中标示为②处，当前的收盘价为9日移动平均线下方12%处。
- 区域3：差异指数处于0的上方，表示当天的价格高于所选定的移动平均线，幅度用百分比表示。具体来说，图中标示为③处，收盘价高于9日移动平均值15%。

依据差异指数进行交易

我翻译过的许多日文资料中，作者都会首先提到行情处于高价区还是低价区，然后再讨论如何根据蜡烛图的信号进行交易。兹举一例，如某书中曾有如下一段文字："在低价区，一个包孕形态很有可能表明底部已近，而在高价区，一个包孕形态很有可能表明行情即将见顶。"另一本书中则云："koma（日本人给纺锤线或者小实体蜡烛线所取的名字）如果出现在低价区，那么可以适当买入或者安心等待。"

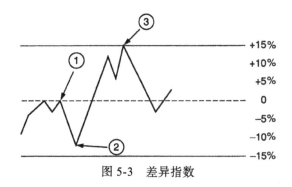

图 5-3　差异指数

这里当然可能有一个问题，那就是高价区与低价区究竟如何判定。在这个问题上，有经验的交易员会有自己的判定方法。例如，有些人会在价格靠近重要支撑区时视之为低价区，或在行情回落50%时认定市场处于低价区。也有交易者依据相对强弱指标、随机指标或者艾略特波浪理论的数浪技术来判定市场究竟处于何种位置。

有些日本交易员习惯于用差异指数来判定行情究竟是处于低价区还是高价区，因为差异指数能有效地反映市场是否超买或者超卖。如果价格下跌过快，市场会形成超卖环境。理论上，市场越是超卖，发生反弹的可能性越大。相反，如果价格上涨过快，市场就会处于超买状态，很容易发生修正。市场发生超买时，差异指数就会不断升高；市场超卖时，差异指数节节走低。因此，差异指数能够帮助判定市场是否超卖或超买。

图5-4很典型地表明，差异指数能为蜡烛图提供增值分析，为蜡烛图提供重要参考。我们知道，依据差异指数判定市场是否超买或超卖，首先取决于市场的性质以及标的物的特质和所选定的差异指数。就本图中的股票

而言，当 13 周差异指数到达 +10% 时，行情处于超买状态；当差异指数到达 –10% 附近时，市场处于超卖状态。图 5-4 中由差异比率提供的这类额外信息，可以进一步确认蜡烛图中的信号，具体来说就是：

- 第 2 章中曾经简单地提及，如果十字星出现在超买或超卖环境中，这个信号比较有价值。在本例中，十字星 1 出现于超卖市道中（可由差异指数测定），这表明，Delta 公司股票有可能出现反弹或者横向盘整，以缓解行情的超卖状况。十字星后出现的长白实体蜡烛线帮助确认了十字星的多头信号。
- 在②处，差异指数反映市场有过热的迹象，而在蜡烛图上，同一时间区域内出现了连续两根带长上影线的蜡烛线，表明空方正气势汹汹地将价格从 75 美元区域向下打压。
- 蜡烛线③有长长的下影线，属于高浪线，同时与前一根蜡烛线一起构成包孕形态。这两者都表明市场正在失去此前的下行动能，行情正在失去明确的方向。这些蜡烛图形态信号与处于低位的差异指数相互印证，其发出的超卖信号暗示反弹可期，或者至少会出现横盘整理。我们知道，超卖状况可以通过两种形态得到缓解，一是强烈的反弹，二是横向盘整。日本人将横盘整理称为"箱体震荡"，因为这时候价格上蹿下跳，但似乎被锁在一个箱子里，不能脱离箱体的上下沿。在本图中，包孕形态后行情横盘了两个月之久。通过这个箱体整理过程，差异指数脱离低位，表示行情不再处于超卖状态。既然行情不再超卖，就有可能再次下行。图中先是出现了一根吊颈线，然后开始了新一轮下跌。
- 13 周差异指数靠近 –10% 时，蜡烛图中又一次出现了十字星。这表明行情处于超卖市道，必须密切关注，而且这个十字星相比低位差异指数更值得关注。十字星后出现的长白实体蜡烛线与这个十字星共同构成了一个启明十字星形态。

- 差异指数向超买区域移动，而且这里的乌云盖顶形态发出了警告：行情正在丧失上行动能。

- 一个很典型的例证，表明在市场有可能发生修正时，差异指数能帮助我们回避买入。长白实体蜡烛线⑥暗示行情有可能走强，但是+10%的差异指数表明行情上升速度过快（即超买）。因此，这个差异指数发出了一个警告信号，表示交易者应避免买入。后来的发展表明，蜡烛线⑥完成了一个最后吞噬顶形态（即上行趋势中一个长白蜡烛线包裹一根黑蜡烛线），紧随其后的一个弱收盘证实了这个形态的空头信号。

- ⑦和⑧，这些长黑实体，特别是长黑实体⑧，通常意味着行情的弱势将会持续。但是，这时的差异指数又表明行情处于超卖状态，表明进一步下行的可能性较低。另外，黑蜡烛线⑦后面的白蜡烛线有一根长下影线，这也部分抵消了黑蜡烛线的空头意味。

- 过热状态（高企的差异指数）和空头蜡烛图形态（空头吞噬形态）的经典组合。这个空头吞噬形态出现在1992年10月所形成的阻力区（标示为⑥处），进一步证实Delta公司股票此时正处于一个重要的技术信号汇合点。

- 超卖市道与多头蜡烛图信号（标示为⑩的锤子线）发出强烈暗示，价格走高可期。

在图5-4中，13周差异指数如果到达+10%和-10%，就表明市场已经处于极端状态，可能发生反转。而在你自己的市场中，这个表示极端状态的差异指数峰值或谷底值有可能不是10%，而是别的数据，所以你应该进行反复测试，以确定你所交易的市场或具体股票（期货）的差异指数极端值。

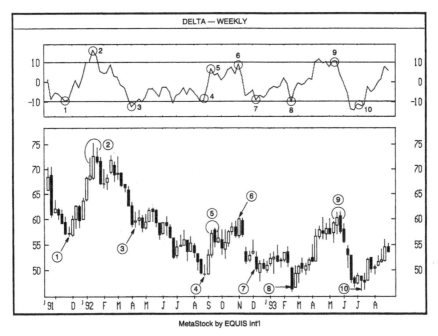

图 5-4　差异指数可视为超买或超卖指标：Delta 公司股票——周蜡烛图与 13 周差异指数

如上所述，差异指数是有用的工具，可以用来判断市场是否处于超买或超卖状态。如图 5-5 所示，当 13 个交易时段的差异指数到达 +15% 或 -15% 时，市场处于超买或超卖状态。超买信号出现在图中的 A、C、E 处，而在 B、D、F 处，差异指数发出超卖信号。在市场处于超买与超卖之间的中间状态时，差异指数可用以判断行情的趋势方向。具体来说就是，如果差异指数上升，说明行情正在上行；如果该指数下行，反映行情也在下行。在本图中，差异指数发出超买信号的 A 点与发出超卖信号的 B 点之间，差异指数下行，证实行情也在下行趋势中。这种由差异指数下行发出的空头确认信号也发生在 C 点与 D 点之间以及 E 点与 F 点之间。而在 B 点与 C 点之间以及 D 点与 E 点之间，差异指数上行，确认了行情的上升态势。

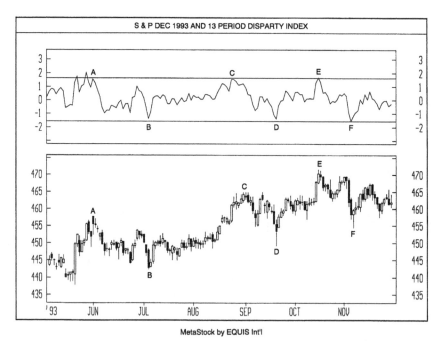

图 5-5　差异指数可视为趋势指标：1993 年 12 月到期的标准普尔期指周蜡烛图与 13 周差异指数

图 5-6 显示的是差异指数的另一个功能：监测行情的背离程度。图中，差异指数在 A 点与 B 点分别到达峰值，A 点与 B 点之间相连的虚线是一条下行的斜线，与 B 点对应的价格创出了一个新高，而 B 点所表示的差异指数却低于 A 点。这就形成了一个空头背离，是一个负值。当出现负值的背离时，意味着价格创出新高，而差异指数却没能同步创出新高。

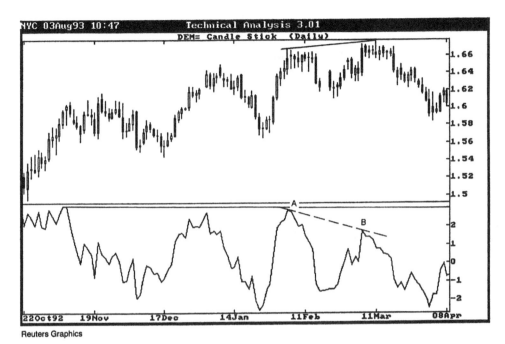

图 5-6　差异指数与背离：德国马克 13 日差异指数

偏离指数

日本的技术分析中还有一个移动平均摆动指标，称为"偏离指数"。之所以得此名，是因为它所测量的是价格偏离某移动平均值的程度，由价格除以对应的移动平均值得出。如果 13 日的偏离值为 102%，那么收盘价为 13 日移动平均值的 102%。如果 200 日的偏离值为 97%，那么当日的收盘价为 200 日移动平均值的 97%。

偏离值与差异指数反映的是同样的行情，只是表达方式不尽相同。例如，如果某日的 13 日偏离值是 102%，那么当日的价格比 13 日移动平均值高 2%。而如果某日的 13 日差异指数为 +2%，那么当日的价格也是高于 13

日移动平均值2%。换句话说，102%的偏离指数就相当于+2%的差异指数。同理，偏离指数为93%时，差异指数就是−7%。

图5-7反映的是同一只股票同一时间段内的差异指数与偏离指标。我们可以看出，两条线的形态是完全一样的，只是纵坐标轴上的读数不一样。因此，与差异指数相关的所有交易技术同样适用于偏离指数。

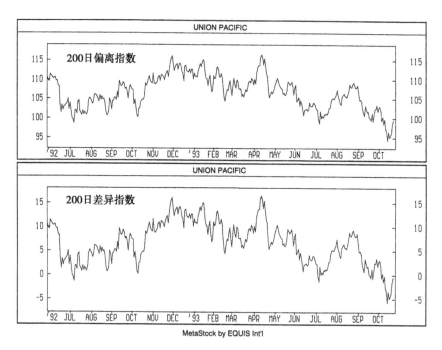

图 5-7　200 日偏离指数与差异指数

很多使用计算机软件的交易者都会尝试寻找适用的移动平均线，我们也可以考虑寻找适合自己的偏离指数线。为举例说明，这里要引用日本人在20世纪80年代做过的一项研究，即用偏离指数来判定日经指数是否处于相对极端（超卖、超买）状况。这项研究发现的状况可见下表，其中所有数值都在两个标准差之内，其发生概率为95%。

上升行情中的偏离指数	下跌行情中的偏离指数
25 日偏离指数为 99%～104%	25 日偏离指数为 96%～101%
75 日偏离指数为 100%～107%	75 日偏离指数为 93%～100%
200 日偏离指数为 102%～110%	200 日偏离指数为 90%～99%

这项研究发现可以帮助判断市场当前的状况。例如，如果日经指数正在上行，200 日偏离指数处于 102%～110% 的概率为 95%；如果当前的 200 日偏离指数到达 110% 上方，可以认为市场处于过热状态，发生修正的概率就比较大。这个理论可用于决定何时冲销多头头寸，因为处于过热状态的市场有可能正接近牛尾。

但要记住，高企的偏离值并不一定意味着价格就会反转，而只是表明行情正处于投机狂热中，而过低的偏离值也只是表明行情处于恐慌性抛售中。随着偏离值不断地趋于极端状态，市场继续沿着原先的方向前进的概率就不断降低。

| 第 6 章 |

三线反向突破图

「看清形势再行动。」

在一位日本交易员的笔下，三线反向突破图是一种"更为微妙的点线图，在这种图形中，市场本身呈现反转，而不是由主观设定的规则来判定反转。这就意味着我们可以将三线反向突破图与市场的强弱和动能衔接起来"。

如图6-1所示，三线反向突破图的外观很像是一系列长度各异的黑白柱子。每根柱子都称为"线"。画线的依据都是收盘价，这里所说的高位与低位都是就收盘而言的，不涉及盘内的高低点。如果某个收盘价超过前高，就画一条白线；如果收盘到达一个新低，就画一条黑线；如果收盘既没有创新高也没创新低，就不用画线。

如果一波上涨（或下跌）比较强劲，足以形成三根连续的白线（或黑线），那么要画一根相反颜色的新线，就必须打破这三根白线的最低点（或者超越这三根黑线的最高点），这个程序会在后面有详细的解释。之所以称三线反向突破图（three-line break），就是这个原因，即必须突破前面的三根连续白线（或黑线）所构成的支撑位或压力位时，才需要画一根新的相反颜色的线。从这里又可以看出在我的第一本书中所讨论过的一个现象，即在日本的技术分析中，数字"三"有很重要的意义。

三线反向突破图的一个主要优点就是不需要主观地设定反转标准。行情本身在图上显示出反转形态。

三线反向突破图还有其他多个别称，其中包括：

- 三步新价图；
- 新价三线突破图；
- 超越三线图；
- 三线转向式；
- 新价三步条形图。

三线反向突破图的画法

我们现在就来举例介绍三线反向突破图的画法。画图的数据依据来自表 6-1，画图的结果反映在图 6-1 中。

表 6-1 图 6-1 中的三线反向突破图所用的收盘价

交易时段	收盘价	交易时段	收盘价
1	135	19	167 ↑
2	132 ↓	20	156 ↓↓
3	128 ↓	21	165-
4	133-	22	168 ↑
5	130-	23	171 ↑
6	130-	24	173 ↑
7	132-	25	169-
8	134-	26	177 ↑
9	139 ↑	27	180 ↑
10	137-	28	176-
11	145 ↑	29	170 ↓↓
12	158 ↑	30	175-
13	147-	31	179-
14	143-	32	173-
15	150-	33	170-
16	149-	34	170-
17	160 ↑	35	168 ↓
18	164 ↑	36	165 ↓

（续）

交易时段	收盘价	交易时段	收盘价
37	171-	39	179 ↑↑
38	175-	40	175-

注：↑表示新高；画白线；
　　↓表示新低；画黑线；
　　-表示价格位于此前的波幅内；不画线；
　　↑↑表示白；反转线；
　　↓↓表示黑；反转线。

图 6-1 三线反向突破图，依据表 6-1 中的数据所画，括号中的数字为交易时段的序号。

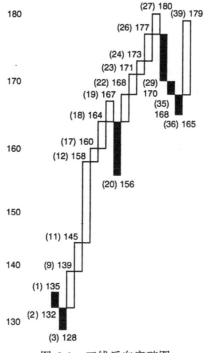

图 6-1　三线反向突破图

三线反向突破图反映的是收盘价，图 6-1 中的初始价格称为"基价"。本例中的基价为 135。

画第一根线：将今天的价格（记住，以下的"价格"指的都是收盘价）与基价相比较。

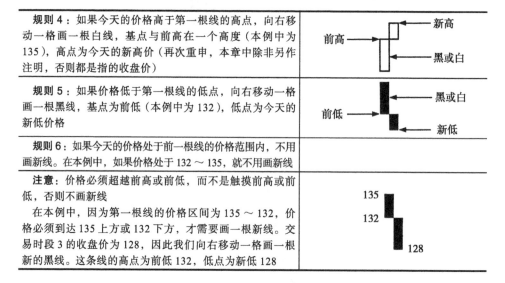

画第二根线：将今天的价格与第一根线的高点与低点做比较。只有当今天的价格超越前一根线的高点或低点时，才需要画第二根线。

画第三根线：将今天的价格与此前最高的高点及最低的低点比较。

这里的依据与第二根线的一样：只有当价格创出新高或新低时才需要画线。在本例中，行情必须到达 128 下方才需要画一根黑线，或者到达 135 上方才需要画一根白线。

规则 7：如果行情超越此前所有各线的高点，向右移动一格画一根白线，白线的低点为此前一根线的高点	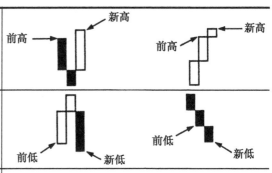
规则 8：如果今天的价格低于此前所有各线的低点（即创出新低），向右移动一格画一根黑线，高点为此前的一根线的低点，低点为今天的新低	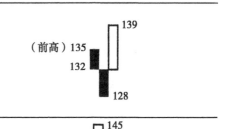
规则 9：如果今天的价格处于前面两根线的价格区间内，不用画线。在本例中，价格只要位于 128 与 135 之间（前低与前高），我们就不需要画新线	
在本例中，交易时段 4 的价格为 133。因为这一价格处于前面两根线的价格区间（128～135）内，不需要画新线。只有在交易时段 9，价格创出新高 139 后，才需要画一根新线。因为这个价格高于前高（135），我们向右移动一格画一根白线，基点为前一根线的高点，高点为新高 139	
在交易时段 11，在 128～139 这个新的价格区间以外出现新的价格：145。这时我们就画一根新的白线，基点为前高 139，高点为新高 145。现在我们有了两根连续的白线，而新的价格区间为 128～145	
交易时段 12 的价格为 158，这是一个新高，因此我们再右移一格画一根 145～158 的新白线。现在我们有了三根连续的白线。如下面所述，这是一个重要的市场节点	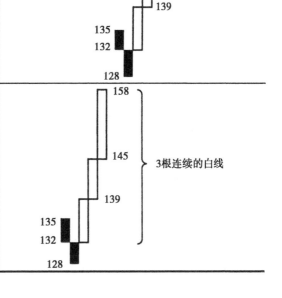

三根连续白线或黑线之后的画线：如果有三根连续的白线或黑线，它确认了当前的趋势（三根连续白线确认多头趋势，三根连续黑线确认空头趋势）。记住，我们现在讨论的图形技术称为"三线反向突破图"，因为这种图形技术背后的理论是，只有当某个交易时段反向突破此前的三根连续白线（或黑线）时，我们才能画出一根反转线。

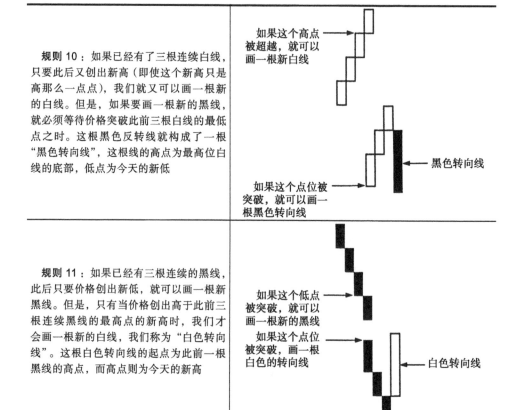

规则10：如果已经有了三根连续白线，只要此后又创出新高（即使这个新高只是高那么一点点），我们就又可以画一根新的白线。但是，如果要画一根新的黑线，就必须等待价格突破此前三根白线的最低点之时。这根黑色反转线就构成了一根"黑色转向线"，这根线的高点为最高位白线的底部，低点为今天的新低

规则11：如果已经有三根连续的黑线，此后只要价格创出新低，就可以画一根新黑线。但是，只有当价格创出高于此前三根连续黑线的最高点的新高时，我们才会画一根新的白线，我们称为"白色转向线"。这根白色转向线的起点为此前一根黑线的高点，而高点则为今天的新高

在阅读以下的讨论时，请参考表6-1和图6-1。

到交易时段12为止，图中已经出现了三根连续的白线，因此，只有当行情创出低于这三根白线的低点（132）的新低时，我们才需要画一根新的

黑线，这根黑线叫作黑色转向线。而新白线的情况则不同，只要创出高于158的新高，我们就可以继续画一根新的白线。也就是说，在本例中，价格要么高于158（画白线），要么低于132（画黑线），否则不用画新线。

交易时段17的价格为160，终于超出了132～158的价格区间，我们又可以画出一根从158到160的新白线。现在我们要监测的价格区间变成了139（此前倒数第三根白线的低位）～160（新高），当价格低于139时，我们画一根黑线，而当价格高于160时，我们就可以画一根新的白线。

交易时段18和19又创出两个新高，因此图中又增加了两条新的白线。到达交易时段19的167时，三根连续白线的低点变成了158，我们要监测的价格区间变成了158～167，因此只有当价格到达158之下时，我们才会画一根黑线，而当价格上升到167之上时，我们又可以画一根新的白线。

交易时段20的价格为156。这个价格低于前三根连续白线的最低点158，于是我们画一根黑色的转向线，高点为前一根白线的低点，低点为当天创出的收盘新低。这根黑线的出现，打破了颜色的连续性，因此，这根黑线后如果出现低于这根黑线的新低价，则再画一根黑线；如果出现高于前一根白线的高点，则画一根白线⊖。

现在的价格区间变成了167（前高）～156（新低）。交易时段22的价格168是个新高，因此我们再画一根白线（从黑线的高点至当日新高168）。此后一再创出新高，每创出一个新高，我们就画一根白线，直至交易时段27的180。

⊖ 原书为：a new white line is added if a new high or low for the move is made，疑有误，更正为此。——译者注

交易时段 29 的价格为 170，低于此前三根白线的低点（也即倒数第三根白线的低点）171，因此我们从此前一根白线（170～180）的底部（177）向下至 170 画一根黑色转向线。现在我们的新价格区间变成了 180～170。下一个新价格出现在交易时段 35，其价格为 168，于是我们再画一根黑线。在交易时段 36，价格再创新低 165，于是我们画出第三根黑线。这样，我们就有了三根连续的黑线。这时候，只有当价格创出高于这三根黑线的最高点（177）的新高时，我们才能画一根白线。也就是说，现在的价格区间为 177～165，价格低于 165 时，我们画一根新的黑线；价格高于 177 时，我们才能画一根新的白线。在交易时段 39，价格为 179，我们画一根高点为 179 的白色转向线。

这种方法的关键点在于：如果此前出现了一根或两根同一颜色的白线或黑线，是否画新线取决于行情是否创出新高或新低（与前一根线比较）。但是，如果此前为连续三根或以上的同一颜色的线，则要以此前的三根白线或黑线为比较对象。如果高于这三根黑线的最高点，则画一根白色转向线；如果低于这三根黑线的最低点（即此前黑线的低点），则画一根新黑线。对于连续三根或以上的白线也一样，如果低于此前三根白线的最低点，则画一根黑色转向线；如果高于这三根白线的最高点（即此前白线的高点），则画一根新的白线。

三线反向突破图的交易技巧

白线与黑线作为买入与卖出信号

如果像图 6-2a 那样，黑白线连续相间出现，说明市场没有明确的趋势。

但是，如果像图 6-2b 那样，出现连续的三根白线或黑线，则市场的趋势正在形成。如果三根连续白线的下方或者三根连续黑线的上方出现一根转向线，则表明市场出现了一个基础性趋势转向信号。

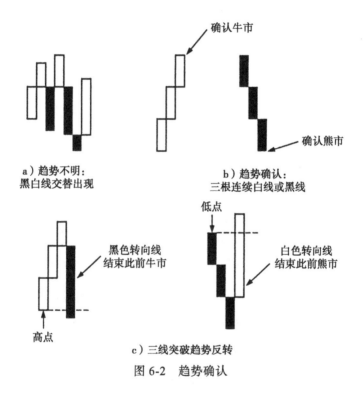

图 6-2　趋势确认

三线反向突破图的基本交易原则是见白线买入，见黑线卖出。记住，如果出现连续三根白（黑）线，则行情必须突破这三根白线的低点（或黑线的高点），才会画一根黑线（或白线）。图 6-3 显示的是根据这些标准所设定的买入与卖出信号。从这个例子中可以看出，在三线反向突破图中，有时候，新趋势出现很久以后才会出现反转信号。但是许多交易者对此并不在意，因为他们认为只抓行情的主段，而不去找顶或找底，是更为安全的交易策略。三线反向突破图就是为这种交易原则而生的。

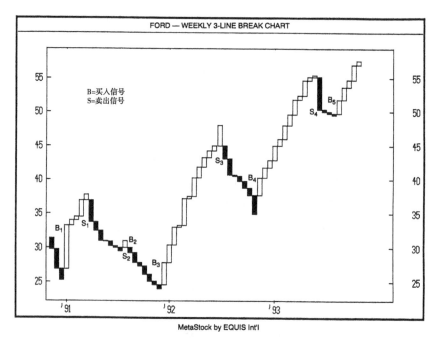

图 6-3 白、黑线作为买入、卖出信号：福特——周线

三线反向突破图用的是收盘价，也就是说，是否构成反转，必须等待收盘才能确认。但是，这种确认完成之时，行情可能已经远离比较有吸引力的买点或卖点。要绕开这个问题，可以在盘中寻找反转信号，然后试探性地建立轻仓，或少量平仓。待趋势确认后，可以再进一步买入或卖出。以图 6-3 为例，在这个图中，B_1 如果收盘于 31 美元（此前三根黑线的最高点）上方，则形成了转向线。但是，这条转向线确认形成之时，价格已经收盘于 33 美元，交易者可以在盘中发现价格突破 31 美元时就轻仓买入。如果收盘时价格没有到达 31 美元上方，这根转向线就没有形成，在这种情况下，比较审慎的做法是平掉此前在盘中所建立的多头仓位。有的投资者更为谨慎，如果一定要等待收盘确认转向线是否成立，那么可以在转向确认后继续等待市场修正，在修正中寻找较好的买入时机与价位。

三线反向突破图与蜡烛图

本书第 4 章探讨了蜡烛图在跟踪市场趋势中所起的作用。三线反向突破图的作用就是判断市场的牛熊趋势，因此也可以用于蜡烛图的辅助工具。具体来说，三线反向突破图可以用来判定市场的多空方向，而蜡烛图形可以帮助我们在这个判定的方向中寻找入场时机。举例言之，如果出现了连续三根白线，按三线反向突破图的理论，市场的大趋势是向上的。在这个前提下，如果蜡烛图上出现多头信号，我们就可以视之为一个买入信号，而在这个向上趋势中的空头蜡烛图信号，我们就可以视之为空头仓位的平仓时机。由于蜡烛图很少能用以确定目标价位，因此，我们可以用白色或黑色转向线来决定何时平仓（基于蜡烛图信号所建立的仓位）。

图 6-4a 是一个三线反向突破图，它显示在价格到达 29.50 美元以后，出现了一根黑色转向线，而在对应的图 6-4b 的蜡烛图中，这里出现了一个空头吞噬形态，暗示市场在这里见顶。三线反向突破图中的这根黑色转向线表明市场已经转身向下。按照顺势（大趋势）而为的理论，交易者这时应该在蜡烛图上寻找在这个熊市中卖出（做空）的时机。与此同时，这个熊市市道中的多头信号可以忽略不见，也可以作为平仓时机。

按照这个观念，我现在来说明如何将图 6-4a 的三线反向突破图与图 6-4b 的蜡烛图交易策略结合起来使用。

在图 6-4b 的蜡烛图形态中，9 月 3 日出现了一根锤子线。由于这根锤子线出现在下降窗口之后，因此不应该是一个买入信号。几个交易日后，9 月 8 日，市场进一步走弱，终于在图 6-4a 的三线反向突破图中出现了一根黑色转向线。也就是说，三线反向突破图确认了熊市的形成，因此几天以后，尽管市场上行，切入下降窗口的阻力区内部，但这只能被看作一个卖出机会。

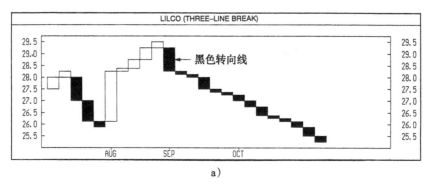

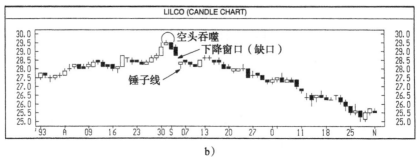

图 6-4 三线反向突破图与蜡烛图

三线反向突破图与趋势

图 6-5a 是一个三线反向突破图，而图 6-5b 是一个蜡烛图。我用它们来演示如何从三线反向突破图中发现市场的大趋势，然后用这个大趋势来引导蜡烛图交易。

从图 6-5a 中可以看出，8 月的第一周，黑色转向线①形成，趋势转熊。值得注意的是，在这根黑色转向线出现以前，蜡烛线已经以 6 月的一根吊颈线暗示市场见顶。在此后直至年底，市场一直走熊，在三线反向突破图上呈现出连续不断的一串黑线。在这样的市场环境中，蜡烛线上的卖空信号一定要抓住，因为整体的下降趋势已经确立。在这期间出现了一根长白实体蜡烛图，暂时中止了市场的卖压，但是在这个白色蜡烛线的底部所构成的支撑被打破之时，蜡烛图又发出了行情下行的信号。

第 6 章 三线反向突破图 189

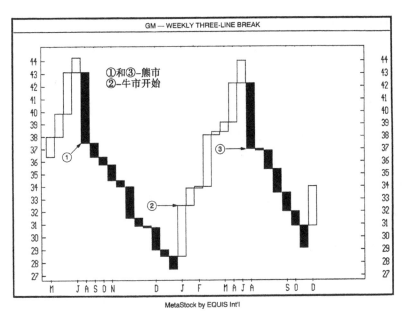

a）三线反向突破图：GM——周线

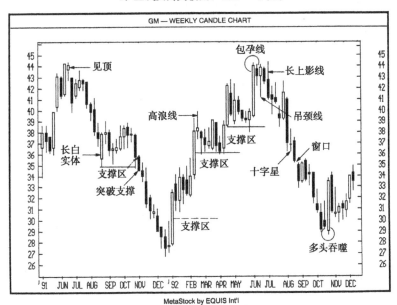

b）蜡烛图：GM——周线

图 6-5 三线反线突破图与蜡烛图

在白色转向线②处，市场转入牛途，这意味着所有的多头蜡烛线信号都应该被视为买入机会。这波牛市从1月延伸到8月的黑色转向线。在这样的走牛态势中，长白实体的中点都构成了支撑位。2月的高浪线表明，此前的上行趋势已经转入过渡状态。但是，大趋势还在上行，而且长白蜡烛图构成了支撑，因此我们可以把这条高浪线之后的抛售看成牛市中的修正阶段。4月又出现了一根长白蜡烛图，又构成了支撑，为行情再次上行构成了一个基点。

1992年夏季的包孕线、吊颈线和长上影线发出了空头转向信号，但是在三线反向突破图上还没有看到对熊市的确认，直到8月出现黑色转向线③。从这个时点起，我们就应该寻找空头蜡烛图信号，将其视为做空机会。图6-5b中8月出现了一根十字星。这样一根十字星蜡烛线有可能是趋势反转信号，但是从三线反向突破图可以看出，市场总体趋势处于下降图中，这个趋势中的十字星不应该被视为买入信号。几周以后，蜡烛图上出现了一个下降窗口。这是空头市道中的空头信号，理所应当视为做空时机。

蜡烛图上的多头吞噬形态和三线反向突破图上的白色转向线表明，新的牛市已经开始。

本章及后面两章所讨论的新图形技术，所使用的都为收盘价。以往西方人对这类市场的分析工具比较有限，本书对这些适用于收盘价的新图形技术的介绍，无疑为他们提供了新的分析维度。图6-6是一个债券收益率三线反向突破图，所依据的只是收盘价。它是以白色或黑色转向线的出现来发出市场反转信号的。请注意，在收益率三线反向突破图中，黑线是多头信号，因为收益率走低意味着价格走高。因此，这幅图上的黑色转向线为买入信号，而白色转向线为卖出信号，因为白色转向线意味着收益率高企，价格走低。

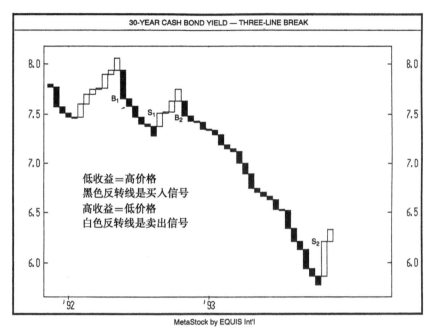

图 6-6　仅使用收盘价的三线反向突破图

其他突破图形

日本交易者经常会调整三线反向突破图的敏感度，方法就是调整转向线的转向标准——究竟该突破多少根此前的连续线才被视为突破，从而画出一根转向线，这是可以调整的。三线反向突破图中，必须突破此前的三根连续白线或者黑线，才能画出一条转向线，确认趋势反转。图 6-7a 的二线反向突破图背后的原理与三线反向突破图是一样的，只是反转标准从三根连续线减为二根线，这个图形也因此被称为"二线反向突破图"。图 6-7b 是四线反向突破图，价格必须反向突破此前连续四根白线或者黑线的低点或者高点，才构成反转，才需要画出一根转向线。

相对而言，短线交易者通常会使用较低的反转标准值（如二线或者三线），只抓大行情的交易者或者投资者则可以采用较高的反转标准值，如五线甚至十线。但是日本最流行的还是三线反向突破图，这也是我的举例以三线反向突破图为主的原因所在。但是，三线反向突破图所使用的所有交易工具同样适用于其他（二线、四线等）反向突破图形。

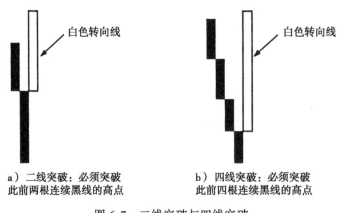

a）二线突破：必须突破此前两根连续黑线的高点

b）四线突破：必须突破此前四根连续黑线的高点

图 6-7　二线突破与四线突破

在本章前面所举例的图 6-3 中，我标示出了福特公司股票在三线反向突破图上的买卖信号，我依据相同的数据画了一个二线反向突破图（图 6-8）和一个五线反向突破图（图 6-9）。我们可以看出，在二线突破图上，买卖信号的数量明显增加，而在五线突破图上，买卖信号相对较少。这种变化很容易解释：如果要形成反转线所必须突破的连续线数量比较少，则图形的敏感度增加，因此二线反向突破图相比三线反向突破图而言，敏感度增加，波动性增大。而五线反向突破图的敏感度较低，相比三线反向突破图而言，发出的反转信号也较少。

使用一线、二线、三线反向突破图，相当于使用相对的短期移动平均线。使用三线到五线突破图则相当于使用中期移动平均线，而十线突破相当于长期移动平均线。必须在长期、持续的尝试与验证中，我们才能发现自己究竟最适用哪种（几根线）突破标准。这和移动平均线的选择是一样的，哪条移动均线最适用自己的市场或品种必须在实践中去发现、验证。

第 6 章 | 三线反向突破图　193

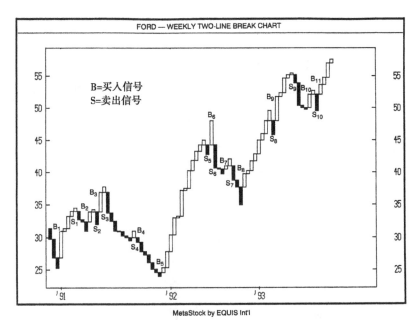

图 6-8　二线反向突破图：福特——周线

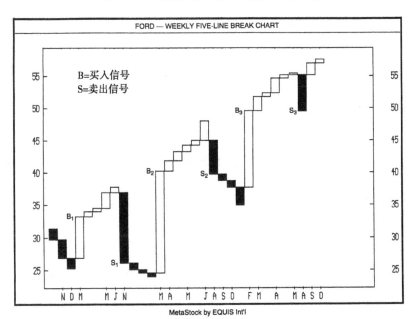

图 6-9　五线反向突破图：福特——周线

对趋势反转的进一步确认

趋势出现反转迹象，甚至在出现了一根转向线以后，有些日本交易员还会等待进一步的确认。他们会等待转向线后的新线来确认新趋势是否成立。例如，在图 6-10 中，交易者会在白色转向线后看看紧接着出现的是否为白色线（如果我们回头去看图 6-3，这种喜欢等待进一步确认的交易者就不会在 B_2 点买入，因为这里只出现了一根白色转向线）。

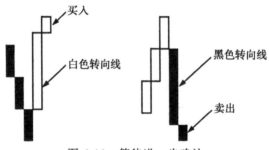

图 6-10　等待进一步确认

这种对进一步确认的等待，当然涉及风险与收益关系的变化。交易者对趋势反转的确认等得越久，出错的概率就越低，而获利潜力也会降低，因为此时这个新趋势又已经前行了一段时间。在日本人看来："尽管推迟了启动，降低了利润，但出错的概率降低，安全因子增长。"这种对新趋势多等一条确认线的观念相当于使用相对长期的移动均线。使用较短期均线的交易者抓住新趋势比较早，但是经受的震荡也会比较多。

黑鞋、黑白套装、脖颈

如图 6-11 所示的那条短短的黑线有时称为"黑鞋"，原因很简单，因为它看起来就像是一只黑色鞋子。白色转向线（超越此前三根连续黑线的高点的白线）则被称为"白套装"。

白色转向线（白套装）后紧接着出现的短白线，称为"脖颈"，因为它就像套装上衣领口伸出来的脖颈。

日本人针对三线反向突破图有一种说法："在黑鞋上面有白套装，白套装上面伸出脖颈时买入。"之所以有此说法，理由有如下几点：

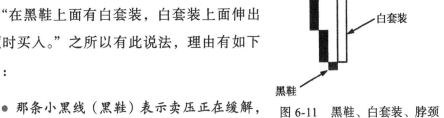

图 6-11　黑鞋、白套装、脖颈

- 那条小黑线（黑鞋）表示卖压正在缓解，因为价格下移的动能正变得不足。
- 那条白色转向线是一个多头反转信号。
- 那个脖颈是一个买入信号。短短的脖颈线被认为是市场在大幅上升（即白色转向线）后的"喘息"。这条短短的白线也可能表明，空头还没有补回他们卖出的仓位（在白色转向线出现以前的黑线区卖出的筹码）或者平掉此前建立的空头仓位。这就有可能意味着，如果他们回补或平仓（空头仓位），股价就会上扬。另外，由于这是继白色转向线后的第二根白线，有多头确认的意义，如此前所述，有些交易者喜欢将它看成买入信号。

图 6-12 是一个脖颈、黑套装加黑鞋的组合，这根黑色转向线就是所谓的"黑套装"。黑套装后面的小黑线是一个卖出信号。

有种说法称：交易者应该"在脖颈下黑套装，黑套装下面出现黑鞋时卖出"。这种说法表示：

- 上升趋势顶端的那个小实体（即脖颈）

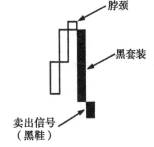

图 6-12　脖颈、黑套装和黑鞋

表示买盘衰减，或者卖压强劲，足以减缓多头前进的步伐。
- 黑色转向线（黑套装）是一个反转信号，告诉我们空方已经取得控制权。
- 那根小黑线（黑鞋）表示市场疲弱，但是还没有超卖。同时，它也表示顺着升势买入者（在黑色转向线出现以前的一系列白线区域买入者）此时尚没有卖出持仓。这就有可能意味着，如果这些仓位卖出，卖压会继续增长。黑色转向线后的黑线也是一种空头确认，有一部分投资者喜欢将这第二根黑线作为反转信号。

图 6-13 中在九十月间出现了一个底部反转信号，之所以认为它是底部反转信号，所依据的还是那句老话："在黑鞋上面有白套装，白套装上面伸出脖颈时买入。"图中的小黑线（即黑鞋）在 9 月出现，价位在 42 美元。白套装（白色转向线的别称）在黑鞋后出现。这只黑鞋和白套装后出现的是脖颈（因为它很短），这就构成了一个买入信号。顶部反转信号所依据的是那另一句老话："脖颈下的黑套装下出现黑鞋时卖出。"这个反转信号出现前，价格峰值为 59 美元。上行波段顶端的小白线是脖颈线，此后出现黑色转向线（黑套装），此后的小黑鞋为卖出确认信号。

迭创新高（低）与三线反向突破图

我们知道，在蜡烛图中，迭创新高（低）式排列具有重要意义。这种排列对于三线反向突破图及钥匙图（后面会有讨论）等新图形技术也有重要价值。如果在三线反向突破图或钥匙图中出现连续或几乎连续的 8～10 根白线，市场就有超买的可能。同理，如果出现连续或几乎连续的 8～10 根黑线，市场很有可能发生反弹。

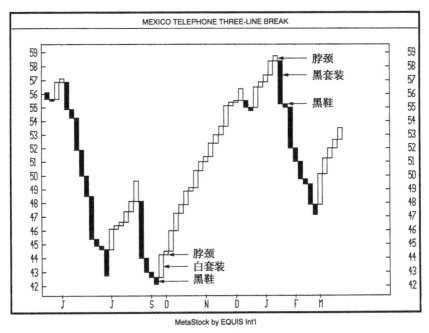

图 6-13　墨西哥电信——日线

我的研究所依赖的一个重要信息来源是日本技术分析师协会。我曾给该协会的一名会员发送了图 6-14，并就三线反向突破图提了几个问题。这位先生很热情地解答了我的问题，并给图中的黑线编了号，因为他在使用三线反向突破图时也会使用我在前面讨论过的迭创新高（低）形态帮助判定市场的发展动向。从这个图中可以看到，当市场创下 8 个新低时，就发生了反弹。该图中另两个位置也引起了这位分析师的兴趣，他分别标示为 x 与 y。这两个点位都是阶段峰值。他说，这两个点位对以后的任何反弹都构成了阻力。情况确实如此。尽管在图中没有反映出来，但是在此后的 1993 年下半年，行情出现了一波上行，但受挫于这个 60 美元附近的阻力区，转而下行，直达 45 美元附近。从此例中可以看出，在三线反向突破图中，我们也可以用这类明显的阻力位（如本例中 60 美元附近的双高点）来帮助我们判断市场的走势。

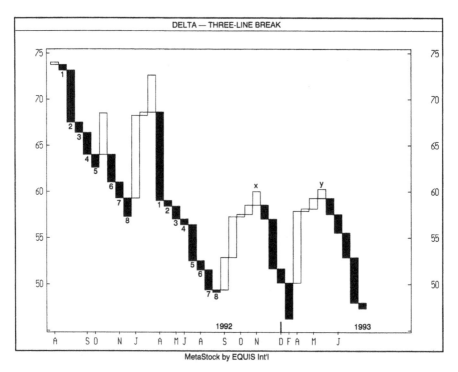

图 6-14　三线反向突破图中的迭创新低：Delta——周线

西方技术分析中的形态判断与日本的三线反向突破图

适用于蜡烛图、条形图的技术，例如支撑与阻力、双顶、趋势线等，同样适用于三线反向突破图。

在图 6-15 中，上行的支撑线与 49.50 美元附近的阻力区可以用来说明，蜡烛图中的趋势线与阻力位在三线反向突破图中也很容易找到。

双顶，别名镊子顶，有时也称双烟囱。在图 6-16 中我们也可以看到这种形态，两个高点 A 与 B 都出现在 74 美元附近。

图 6-15　三线反向突破图中的趋势线与阻力

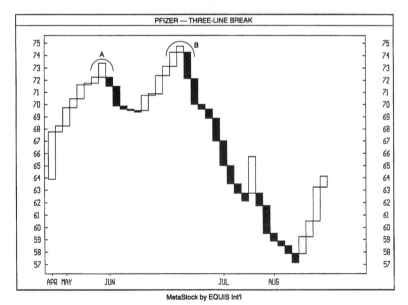

图 6-16　三线反向突破图中的双顶

图 6-17 显示，三线反向突破图中的趋势线与传统条形图中的趋势线一样有效。行情对上行趋势支撑线的突破表示，这个上行趋势处于蜕变过程之中。图中的走势还表明，多方正逐渐失去动能，表现为 1、2、3 三个肩部的价格峰值依次走低。

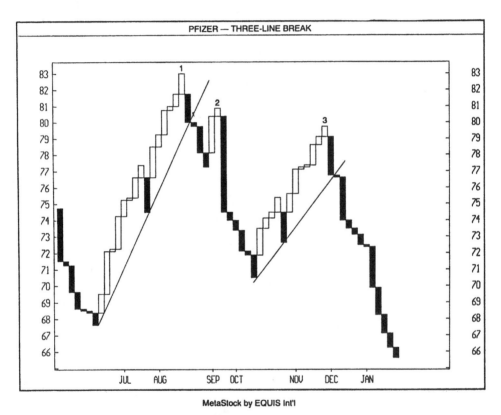

图 6-17 三线反向突破图中的趋势线

图 6-18 中显示了某些可以结合三线反向突破图使用的交易工具。1993 年年初，一条下行的压力线被刺穿。图中另外值得注意的是 1992 年年中 68 美元附近形成的前阻力位，这个阻力位现在构成了支撑位。一根白色转向

线对这个支撑位进行了确认。

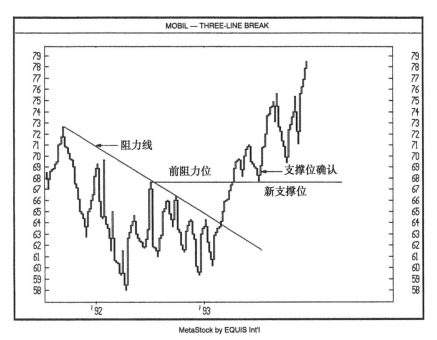

图 6-18　三线反向突破图中使用经典的西方分析技术

三线反向突破图练习题

为巩固对三线反向突破图的理解，我们来做一个练习。请用表 6-2 中的数据，自己画一个三线反向突破图。纵轴上的价格区间为 23～30 美元。你可以画在书中的小方格纸上（也可以复印几张），或者画在白纸上（如果不求十分精确的话）。黑白线的长度不必非常精确。这个练习的主要目的是测试一下你是否理解何时该画线、何时不该画线。

图画好以后，和后面的表 6-3 与图 6-19（参考答案）做个对照。

表 6-2　三线反向突破图练习用数据

日期	收盘价	日期	收盘价
1994/02/18	25.156	1994/04/29	27.000
1994/02/22	25.250	1994/05/02	26.875
1994/02/23	26.375	1994/05/03	26.625
1994/02/24	26.500	1994/05/04	27.687
1994/02/25	26.875	1994/05/05	28.000
1994/02/28	27.750	1994/05/06	27.125
1994/03/01	27.375	1994/05/09	25.875
1994/03/02	27.375	1994/05/10	27.250
1994/03/03	27.125	1994/05/11	25.500
1994/03/04	28.750	1994/05/12	24.875
1994/03/07	28.125	1994/05/13	24.875
1994/03/08	27.875	1994/05/16	24.125
1994/03/09	28.250	1994/05/17	25.000
1994/03/10	28.250	1994/05/18	26.250
1994/03/11	28.375	1994/05/19	27.375
1994/03/14	28.250	1994/05/20	27.500
1994/03/15	27.500	1994/05/23	28.000
1994/03/16	28.500	1994/05/24	27.625
1994/03/17	29.125	1994/05/25	27.125
1994/03/18	29.250	1994/05/26	26.250
1994/03/21	28.750	1994/05/27	26.250
1994/03/22	28.500	1994/05/31	26.250
1994/03/23	28.625	1994/06/01	26.375
1994/03/24	28.250	1994/06/02	26.625
1994/03/25	27.125	1994/06/03	27.375
1994/03/28	27.500	1994/06/06	28.500
1994/03/29	26.250	1994/06/07	27.250
1994/03/30	25.875	1994/06/08	26.250
1994/03/31	26.500	1994/06/09	26.500
1994/04/04	26.375	1994/06/10	26.125
1994/04/05	27.375	1994/06/13	25.750
1994/04/06	26.375	1994/06/14	26.000
1994/04/07	26.062	1994/06/15	26.625
1994/04/08	25.750	1994/06/16	26.125
1994/04/11	26.125	1994/06/17	26.250
1994/04/12	25.875	1994/06/20	25.750
1994/04/13	25.750	1994/06/21	25.375
1994/04/14	25.250	1994/06/22	25.375
1994/04/15	24.375	1994/06/23	24.750
1994/04/18	24.000	1994/06/24	23.500
1994/04/19	23.625	1994/06/27	24.062
1994/04/20	23.875	1994/06/28	23.250
1994/04/21	26.500	1994/06/29	23.500
1994/04/22	26.750	1994/06/30	24.125
1994/04/25	27.375	1994/07/01	24.625
1994/04/26	27.375	1994/07/05	24.625
1994/04/28	26.875		

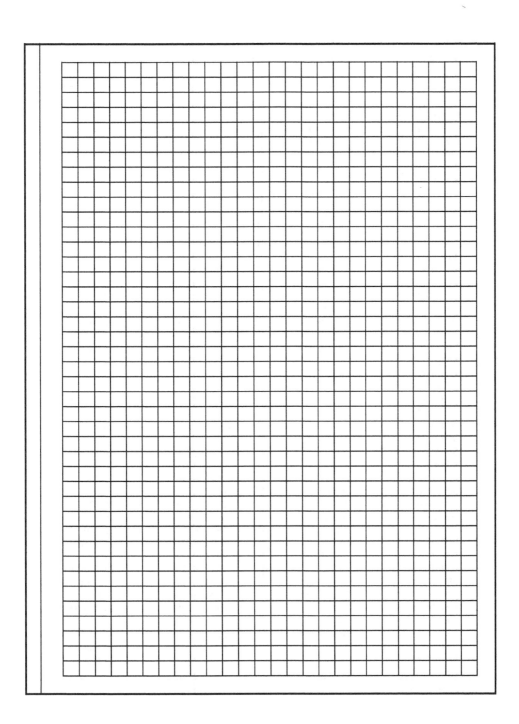

表 6-3　三线反向突破图练习参考答案所用数据

日期	收盘价	日期	收盘价
1994/02/18	25.156	1994/04/29	27.000
1994/02/22	25.250(1)	1994/05/02	26.875
1994/02/23	26.375(2)	1994/05/03	26.625
1994/02/24	26.500(3)	1994/05/04	27.687(20)
1994/02/25	26.875(4)	1994/05/05	28.000(21)
1994/02/28	27.750(5)	1994/05/06	27.125
1994/03/01	27.375	1994/05/09	25.875(22)
1994/03/02	27.375	1994/05/10	27.250
1994/03/03	27.125	1994/05/11	25.500(23)
1994/03/04	28.750(6)	1994/05/12	24.875(24)
1994/03/07	28.125	1994/05/13	24.875
1994/03/08	27.875	1994/05/16	24.125(25)
1994/03/09	28.250	1994/05/17	25.000
1994/03/10	28.250	1994/05/18	26.250(26)
1994/03/11	28.375	1994/05/19	27.375(27)
1994/03/14	28.250	1994/05/20	27.500(28)
1994/03/15	27.500	1994/05/23	28.000(29)
1994/03/16	28.500	1994/05/24	27.625
1994/03/17	29.125(7)	1994/05/25	27.125
1994/03/18	29.250(8)	1994/05/26	26.250
1994/03/21	28.750	1994/05/27	26.250
1994/03/22	28.500	1994/05/31	26.250
1994/03/23	28.625	1994/06/01	26.375
1994/03/24	28.250	1994/06/02	26.625
1994/03/25	27.125(9)	1994/06/03	27.375
1994/03/28	27.500	1994/06/06	28.500(30)
1994/03/29	26.250(10)	1994/06/07	27.250(31)
1994/03/30	25.875(11)	1994/06/08	26.250(32)
1994/03/31	26.500	1994/06/09	26.500
1994/04/04	26.375	1994/06/10	26.125(33)
1994/04/05	27.375	1994/06/13	25.750(34)
1994/04/06	26.375	1994/06/14	26.000
1994/04/07	26.062	1994/06/15	26.625
1994/04/08	25.750(12)	1994/06/16	26.125
1994/04/11	26.125	1994/06/17	26.250
1994/04/12	25.875	1994/06/20	25.750
1994/04/13	25.750	1994/06/21	25.375(35)
1994/04/14	25.250(13)	1994/06/22	25.375
1994/04/15	24.375(14)	1994/06/23	24.750(36)
1994/04/18	24.000(15)	1994/06/24	23.500(37)
1994/04/19	23.625(16)	1994/06/27	24.062
1994/04/20	23.875	1994/06/28	23.250(38)
1994/04/21	26.500(17)	1994/06/29	23.500
1994/04/22	26.750(18)	1994/06/30	24.125
1994/04/25	27.375(19)	1994/07/01	24.625
1994/04/26	27.375	1994/07/05	24.625
1994/04/28	26.875		

注：括号中的数字是图 6-19 中各线的序号。

第 6 章 | 三线反向突破图 205

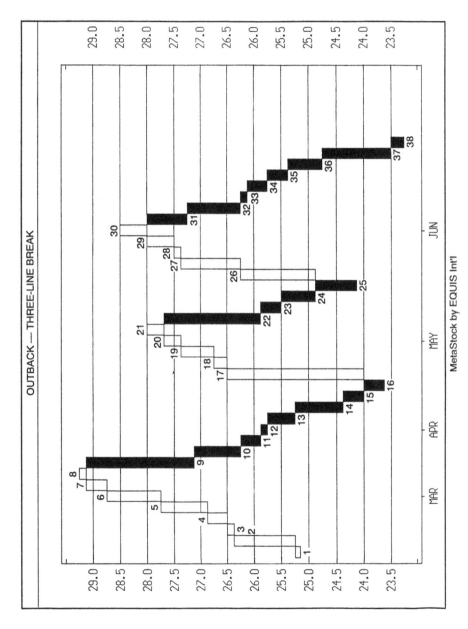

图 6-19 三线反向突破图

| 第 7 章 |

砖 形 图

「温故而知新。」

图7-1中的砖形图也称为乃日图、拖曳图或曲折图。从外观上看，这种图与三线反向突破图相似，都是由一根根黑白柱子构成，每根柱子称为"砖头"。

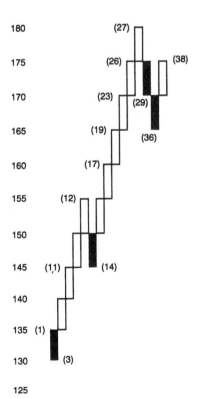

图7-1　5点砖形图，变动幅度设定为5点，所依据的收盘价如表7-1所示

在第 6 章所讨论的三线反向突破图中，如果行情沿着主导趋势创出新价格，就要画一根新线，不管这个新高或新低与前高或前低之间有多大的变动幅度。即使今天的收盘价比前一天的收盘价只高一点点，而且此前是一根白线，那么在这个三线反向突破图中也要加画一根新的白线。

本章所介绍的砖形图与三线反向突破图不同。如果行情沿着此前的方向继续前进，而且变动幅度到达一个预定的固定数值，我们就画一根新的砖形线（加一块新砖头）。也就是说，如果此前是一块白砖，而今天的涨幅达到了预先规定的一个固定数值，我们就可以画一块新砖头。

砖形图与三线反向突破图的另一个差异是：三线反向突破图中各线的长度取决于价格变动幅度，而砖形图中各块砖头的大小是一样的。

砖形图的画法

表 7-1 中的收盘价数据是图 7-1 的构成依据。

表 7-1　图 7-1 中的砖形图所使用的数据

交易时段	收盘价	交易时段	收盘价
1	基价 135	14	143 ↓ (1)
2	132<	15	150<
3	128 ↓ (1)	16	149<
4	133<	17	160 ↑ (2)
5	130<	18	164<
6	130<	19	167 ↑ (1)
7	132<	20	156<
8	134<	21	165<
9	139<	22	168<
10	137<	23	171 ↑ (1)
11	145 ↑ (2)	24	173<
12	158 ↑ (2)	25	169<
13	147<	26	177 ↑ (1)

（续）

交易时段	收盘价	交易时段	收盘价
27	180 ↑ (1)	34	170<
28	176<	35	168<
29	170 ↓ (1)	36	165 ↓ (1)
30	175<	37	171<
31	179<	38	175 ↑ (1)
32	173<	39	179<
33	170<	40	175<

注：< 表示变动幅度小于预先设定的固定值。不画砖。
　　↑ 表示价格比前一块砖头的上涨幅度超过了预先设定的固定值。
　　（）显示要画几块砖。
　　↓ 表示价格比前一块砖头的下降幅度超过了预先设定的固定值。

砖形图使用的是收盘价。画图前的第一步是确定价格变动单位，也就是每画一根线行情所必须达到的最小变动数值。这个变动数值也决定了各块砖头的大小，也就是说，如果画的是 5 点砖形图，每块砖的高度都是 5 点。每一根价格上升线都是白线，每一根价格下降线都是黑线，它们都是等高的。在一个 5 点砖形图中，如果某个交易时段的收盘价比前砖头的高点高了 20 个点，那么就要在图中画上 4 块砖头，依次升高，每块砖头代表 5 个点。

在以下的讲解中，我们假定要画的是一个 5 点砖形图，也就是说每块砖的高度为 5 点。我们将基价设定为 135。

画第一根线：比较当前的收盘价与基价。

规则 1：假定行情由基价上涨

如果上涨幅度达到或超过了规定值，画一块或数块白砖。也就是说，如果基价为 100，行情必须到达 105，我们才能画一块白砖

注意：价格变动必须到达或超过预定值，否则不能画新砖，这一点是与三线反向突破图不同的地方

（续）

如果行情的变动幅度超过了规定的数值，但又不够画两块砖，那就只画一块砖。例如，在一个5点砖形图中，如果基价是100，新收盘价为107，那就从基价100处往上画一块白砖到达105。这次上涨的剩余部分（107～105）在砖形图上不会显现出来。但是如果行情涨到了110，那就要画两块白砖头，每块都表示5点。如果新收盘价为112，我们要画的也是两块白砖。110～112的上涨部分是不会显现出来的	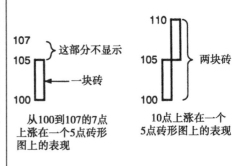 从100到107的7点上涨在一个5点砖形图上的表现　　10点上涨在一个5点砖形图上的表现
规则2：如果行情从基价处开始下跌 　　下跌幅度如果达到或超过规定值（本例中为5点），就画一块黑砖头。如果基价为100，那么必须跌到95或95以下，才会画一块黑砖。第一块黑砖从基价往下，长度为预定值（本例即5点）	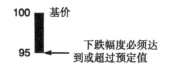
如果下跌幅度超过预定值，但低于预定值的两倍，则只画一块黑砖。举例言之，如果从100下跌至92，砖形图上只体现为100到95的一块黑砖	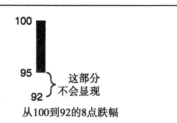
但是，如果下跌了13点，那就画两块黑砖。如果下跌了15个点，画三块黑砖，每块黑砖代表5点	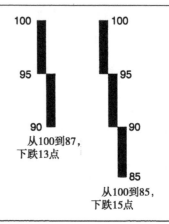

（续）

规则3：如果行情的上涨或下跌小于预定值（本例中为5点），就不能画新砖。举例言之，对于一个5点砖形图来说，如果基价为100，那么行情必须到达105或以上，或者95及以下，否则不能添新砖。

以本例来说，从表7-1来看，基价为135。因为本例为5点砖形图，因此行情必须到达130或者以下，才能画一块黑砖。而要画一块白砖，则行情必须到达140或以上（即比基价高5点或以上）。本例中的交易时段2收盘价为132，下跌了3点（135～132），小于预定的5点，因此不能画线，到交易时段3，行情收盘于128，比基价低了7点，大于预定的5点，因此我们就画一根从135到130的黑砖，它代表5个点的下跌

135（基价）

130（交易时段3）

画下一块砖：将今天的收盘价与前一块砖的高点、低点做比较。

规则4：如果今天的收盘价高于前一块砖（不管是黑砖还是白砖）的高点，幅度到达或超过预定值，那就右移一格，画一块或多块白砖，第一块新白砖的起点为前一块砖的高点。如果前一块砖的高点为100，那么在我们的5点砖形图中，行情必须到达105点或以上，才会画一块白砖。这块白砖从100点开始，上达105点。如果行情到达了113点，那就画两块白砖，第二块白砖必须从第一块白砖向右移一格

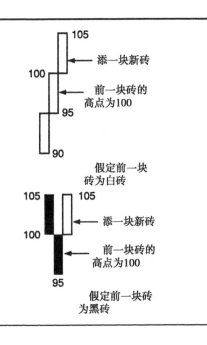

（续）

规则 5：如果今天的收盘价低于前一块砖（不管是黑砖还是白砖）的底部，跌幅到达或大于预定值，右移一格画一块或多块黑砖，每画一块新砖，向右移一格。举例言之，如果前一块砖的底部为 95，行情必须下行到 90，才能画一块新的黑砖。这块砖从前一块砖的底部 95 到 90	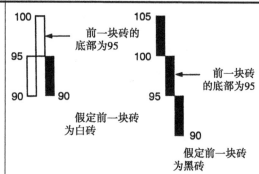
规则 6：如果新收盘价低于前一块砖的高点，高于前一块砖的低点，则不画新砖	
在本例中，第一块砖的高点为 135，低点为点 130。在 5 点砖形图上，行情必须到达 140（即比 135 高 5 点）或以上，才能画一块新白砖；下行至 125（比 130 低 5 点）或更低，才能画一块黑砖。如果收盘价处于 125～140，则不画新砖 行情在交易时段 11 收盘于 145，终于达到了画新砖的要求（价格上行至 140 或以上，下行至 125 或更低）	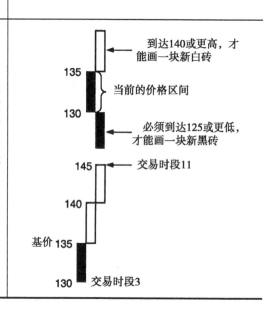

再画后面的新砖：依据表 7-1 中提供的数据，我们就可以如法炮制，画后面的新砖头。举例来说，我们现在看表 7-1 中的交易时段 12，价格为 158。而此前的交易时段 11 的高点为 145，我们于是从前一块砖的高点 145～155 画两块 5 点新砖（155～158 的 3 点余额不能在砖形图上显现出

来)。现在,砖形图上的最后一块砖的高点为155,低点为150,行情必须到达160或以上我们才能画一块或多块新白砖,或者下行到145或更低的位置才能画一块或多块新黑砖。在交易时段14,价格到达143,符合添新砖的标准,于是我们画一块新黑砖,其低点为145。

砖形图的交易技巧

三线反向突破图与钥匙图的交易技巧比较多样化,而砖形图的交易技巧比较单一。砖形图上唯一的反转信号就是多头白砖或空头黑砖。图7-2显示的就是基于这种交易技巧而判定的买入、卖出信号。

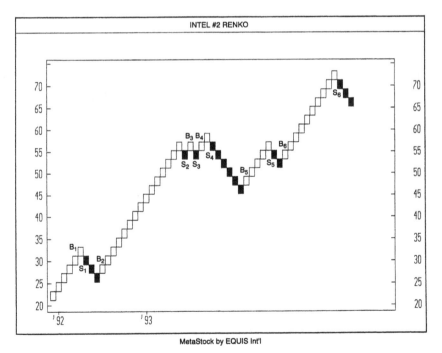

图7-2　基本买入、卖出信号:英特尔2美元砖形图——日线

如图所示，买入信号（图中以字母 B 表示）因白砖的出现而形成，卖出信号（以字母 S 表示）随着黑砖的出现而产生。砖形图技术是一种趋势交易技术，但行情也会出现横向盘整时期，在这种情况下，行情会出现拉锯（如 B_1-S_1、B_3-S_3 以及 B_4-S_4 时段），砖形图技术的主要魅力在于它能让交易者抓住行情的主段。B_2-S_2、B_5-S_5 以及 B_6-S_6 都是这样的主升段。

如果市场趋势明确，砖形图的优势就能体现出来，图 7-3 所示的就是这种情况。白砖出现，就是买入信号；黑砖出现，就是卖出信号。只有当行情进入横盘整理时，砖形图才会导致频繁的进出。

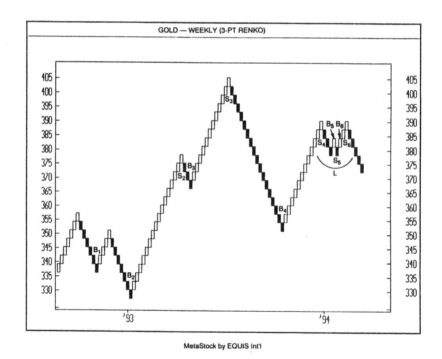

图 7-3　基本买入、卖出信号：黄金 3 美元砖形图——周线

图 7-4 是一个长期国债期货的砖形图，我们以此来说明如何将砖形图用

于买入决策中的技术工具。行情进入横向盘整时，砖形图会导致频繁的进出。尽管如此，砖形图能让多头交易者及时进场，抓住 1993 年大涨的主升段，而在 1993 年年末～1994 年年初的长期下跌的大多数时间中，砖形图能让多头交易者在场外观望。

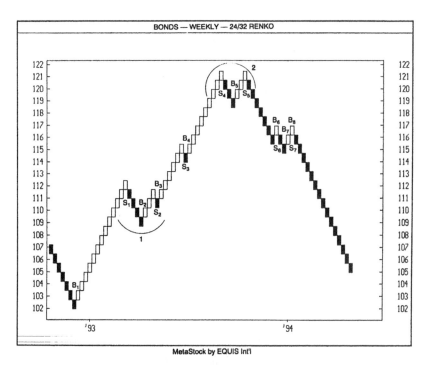

图 7-4　国债期货周线：多头 24/32 砖形图

砖形图练习题

用表 7-2 中的数据，画一个 1 美元砖形图，价格区间为 40～50 美元。你可以复印书中提供的画图用小方格纸，也可以在一张白纸上画。画好以后，请参考图 7-5 与表 7-3。

表 7-2 画 1 美元砖形图练习题所使用的数据

日期	收盘价	日期	收盘价
1994/03/24	47.625	1994/05/16	43.750
1994/03/25	47.750	1994/05/17	44.000
1994/03/28	47.500	1994/05/18	44.875
1994/03/29	46.125	1994/05/19	44.625
1994/03/30	45.125	1994/05/20	45.250
1994/03/31	45.250	1994/05/23	45.250
1994/04/04	44.500	1994/05/24	45.250
1994/04/05	45.000	1994/05/25	45.125
1994/04/06	45.250	1994/05/26	45.500
1994/04/07	44.875	1994/05/27	45.625 W_7
1994/04/08	44.250	1994/05/31	45.500
1994/04/11	43.375	1994/06/01	45.625
1994/04/12	42.500	1994/06/02	45.000
1994/04/13	42.750	1994/06/03	44.750
1994/04/14	42.000	1994/06/06	44.875
1994/04/15	41.375	1994/06/07	45.250
1994/04/18	40.000	1994/06/08	45.250
1994/04/19	39.875	1994/06/09	45.125
1994/04/20	40.125	1994/06/10	45.125
1994/04/21	41.250	1994/06/13	45.625
1994/04/22	42.250	1994/06/14	45.500
1994/04/25	42.625	1994/06/15	45.375
1994/04/26	43.375	1994/06/16	46.500
1994/04/28	45.250	1994/06/17	47.000
1994/04/29	47.500	1994/06/20	46.125
1994/05/02	47.625	1994/06/21	45.125
1994/05/03	46.500	1994/06/22	45.375
1994/05/04	46.125	1994/06/23	45.875
1994/05/05	46.250	1994/06/24	45.250
1994/05/06	45.750	1994/06/27	45.250
1994/05/09	45.125	1994/06/28	44.625
1994/05/10	45.250	1994/06/29	45.125
1994/05/11	43.500	1994/06/30	45.250
1994/05/12	43.625	1994/07/01	46.125
1994/05/13	44.125	1994/07/05	46.750

第 7 章 | 砖 形 图

表 7-3　图 7-5 中砖形图答案所依据的数据及其判读（W= 白线；B= 黑线）

日期	收盘价	日期	收盘价
1994/03/24	47.625 基价	1994/05/16	43.750
1994/03/25	47.750	1994/05/17	44.000
1994/03/28	47.500	1994/05/18	44.875
1994/03/29	46.125 B_1	1994/05/19	44.625
1994/03/30	45.125 B_2	1994/05/20	45.250
1994/03/31	45.250	1994/05/23	45.250
1994/04/04	44.500 B_3	1994/05/24	45.250
1994/04/05	45.000	1994/05/25	45.125
1994/04/06	45.250	1994/05/26	45.500
1994/04/07	44.875	1994/05/27	45.625 W_7
1994/04/08	44.250	1994/05/31	45.500
1994/04/11	43.375 B_4	1994/06/01	45.625
1994/04/12	42.500 B_5	1994/06/02	45.000
1994/04/13	42.750	1994/06/03	44.750
1994/04/14	42.000	1994/06/06	44.875
1994/04/15	41.375 B_6	1994/06/07	45.250
1994/04/18	40.000 B_7	1994/06/08	45.250
1994/04/19	39.875	1994/06/09	45.125
1994/04/20	40.125	1994/06/10	45.125
1994/04/21	41.250	1994/06/13	45.625
1994/04/22	42.250	1994/06/14	45.500
1994/04/25	42.625 W_1	1994/06/15	45.375
1994/04/26	43.375	1994/06/16	46.500
1994/04/28	45.250 W_2 和 W_3	1994/06/17	47.000 W_8
1994/04/29	47.500 W_4 和 W_5	1994/06/20	46.125
1994/05/02	47.625 W_6	1994/06/21	45.125
1994/05/03	46.500	1994/06/22	45.375
1994/05/04	46.125	1994/06/23	45.875
1994/05/05	46.250	1994/06/24	45.250
1994/05/06	45.750	1994/06/27	45.250
1994/05/09	45.125 B_8	1994/06/28	44.625 B_{11}
1994/05/10	45.250	1994/06/29	45.125
1994/05/11	43.500 B_9 和 B_{10}	1994/06/30	45.250
1994/05/12	43.625	1994/07/01	46.125
1994/05/13	44.125	1994/07/05	46.750 W_9

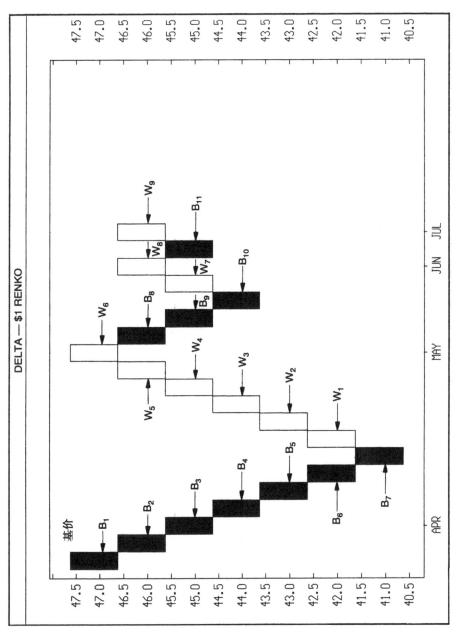

图 7-5 Delta：1 美元砖形图

| 第 8 章 |

钥 匙 图

「以心传心。」

第 8 章 | 钥 匙 图　221

　　20世纪70年代日本出现股票交易市场之初，钥匙图就开始成形，如图 8-1 所示。之所以称为钥匙图，是因为图中的线形很像日本古代的老式钥匙，它有 L 形的钥匙柄。钥匙图也称"价格区间图""钩型图""增量图"和"线状图"等。

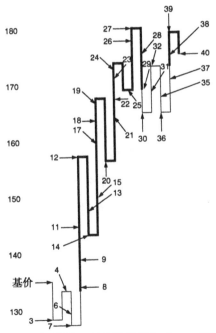

图 8-1　钥匙线，所依据数据如表 8-1 所示

有本日文专著曾有言："正如蜡烛图优于条形图，钥匙图也优于点线图。"我对点线图不敢妄称专家，因此不能判断这句评价正确与否。但可以肯定地说，钥匙图有它独特的价值，包含新的、丰富的分析手段，有其他图形技术所不具备的优势。

钥匙图的基本规则是，钥匙线的粗细与方向取决于价格的变动情况。如果价格沿着此前的方向行进，则钥匙线继续延伸。如果价格反向运行，而且达到了预先设定的幅度，则钥匙线右移一格反向延伸。必须注意的是，钥匙线有粗细之分，如果价格刺破了前低或前高，钥匙线的粗细就会发生变化。粗线称为"阳线"，细线称为"阴线"。本章稍后我们会详细讲解钥匙图的画法和阴阳线的解读。两根相反方向的线之间有一根短横线连接，称为"拐点线"。

钥匙图的画法

绝大多数钥匙图采用收盘价。在画钥匙图以前，必须先确定一个转向值，行情的反向变动幅度必须达到这个预先规定的反转值，我们才能在钥匙图上右移一格画一条反向的钥匙线。举例言之，如果转向值设定为3美元，且最近的钥匙线是一条上升线，那么今天的价格必须收低至少3美元，我们才能画一条反向的下跌线。在后面讨论画线的详细规则时，我们会对此进行更详细的表述。在钥匙图中，行情的反向变动必须达到或超过转向线，才能画一条反向钥匙线。

本例中，初始价为表8-1中所示的交易时段1的135。我们将转向值设定为4个点。

表 8-1　图 8-1 中的 4 点钥匙图所使用的数据

交易时段	收盘价	交易时段	收盘价
1	135 基价	21	165 ↑
2	132<	22	168 ↑
3	128 ↓	23	171 ↑
4	133 ↑	24	173 ↑
5	130<	25	169 ↓
6	129 ↓	26	177 ↑
7	127 ↓	27	180 ↑
8	134*（前高 -133）	28	176 ↓
9	139 ↑	29	170 ↓
10	137<	30	165*（前低 -169）
11	145 ↑	31	169 ↑
12	158 ↑	32	173 ↑
13	147 ↓	33	170<
14	143 ↓	34	170<
15	150 ↑	35	168 ↓
16	149<	36	165 ↓
17	160 ↑	37	171 ↑
18	164 ↑	38	175*（前高 -173）
19	167 ↑	39	179 ↑
20	156 ↓	40	175 ↓

注：<表示价格变动小于转向值，不画线。

*表示价格超越前高或前低（线的粗细发生变化）。

↑↓表示上下箭头，标示图 8-1 中钥匙线目前的行进方向。

画第一根线：比较今天的价格与基价。

规则 1：如果今天的价格比基价高，而且涨幅达到或高于转向值（在本例中为 4 个点或以上），就画一根从初始价（基价）到新收盘价的粗（阳）线

注意：要画一根线，价格变动必须等于或大于转向值

规则 2：如果今天的收盘价低于基价，而且跌幅达到或大于预定的转向值，就从初始价到新的收盘价画一根细线（阴线）

（续）

规则3：如果新收盘与基价之间的差价低于转向值（本例中为4点），则不画线	
在本例中，初始价为135。在下一个交易时段，价格到达132，下跌了3个点，小于预定的转向值（4个点），所以我们还不能画线。在交易时段3，价格到达128，下跌幅度超过了4个点，达到了画线的要求，因此我们画第一根线，表示从交易时段1到交易时段3所下跌的7点。由于方向是下跌的，所以我们画一根阴线（细线），起始价为135，低点为128	

画第二根线：将今天的价格与前一根钥匙线的两个端点（顶点与低点）做比较。在本例中，低点为128，顶点为135，因此我们要将今天的收盘价与128和135这两个价格做一个比较。

规则4：如果价格继续沿着前一根线的方向行进，钥匙线顺着这个方向延伸，不管这个变动幅度的大小。在本例中，如果价格下跌至127，我们就将原有的阴线从128继续向下延伸至127处。但是，如果第一根线是一根粗线（阳线），那么当收盘创出新高时，我们就让原有的阳线继续往上延伸	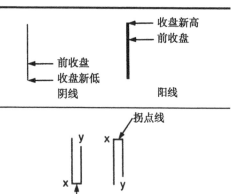
规则5：如果行情反向变动，而且变动幅度达到甚至超过了转向值（这有可能要经历数个交易时段才能实现），我们就右移一格（两格之间画一根短短的横线，拐点线），画一根反向的新线，直达新收盘价的位置。在本例中，前一根线的低点为128。我们现在需要4个点的转向值，因此只有当行情收盘于132或更高位置时，我们才能画一根反向的新线	
规则6：如果行情反向变动，但是变动幅度小于转向值，则不画线	
在本例中，前一根钥匙线的低点为128，我们将交易时段4的收盘价133与之做比较，可以看出价格上涨了5点（133～128）。因为转向值为4，所以我们可以画一根反向的新线。因此，我们画一根横向的拐点线，然后反向（朝上）画一根从128到133的钥匙线	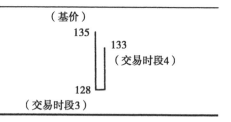

画第三根线：我们再将最近一根钥匙线的价格与今天的价格做比较。在我们所举的例子中，最近一根钥匙线的价格为133，所以把今天的价格与133做一个减法。

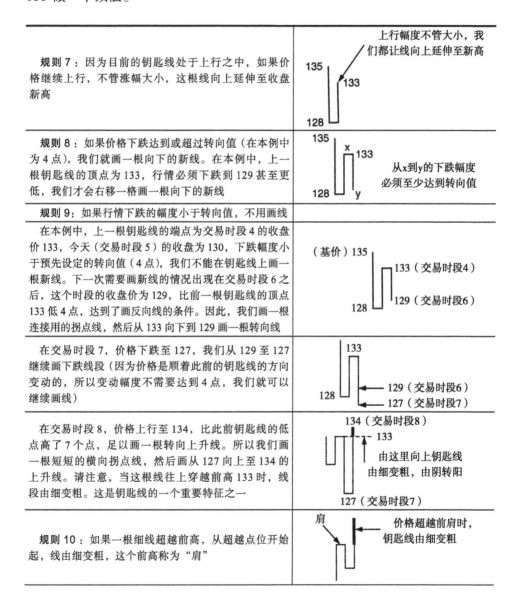

规则7：因为目前的钥匙线处于上行之中，如果价格继续上行，不管涨幅大小，这根线向上延伸至收盘新高	
规则8：如果价格下跌达到或超过转向值（在本例中为4点），我们就画一根向下的新线。在本例中，上一根钥匙线的顶点为133，行情必须下跌到129甚至更低，我们才会右移一格画一根向下的新线	
规则9：如果行情下跌的幅度小于转向值，不用画线	
在本例中，上一根钥匙线的端点为交易时段4的收盘价133，今天（交易时段5）的收盘为130，下跌幅度小于预先设定的转向值（4点），我们不能在钥匙线上画一根新线。下一次需要画新线的情况出现在交易时段6之后，这个时段的收盘价为129，比前一根钥匙线的顶点133低4点，达到了画反向线的条件。因此，我们画一根连接用的拐点线，然后从133向下到129画一根转向线	
在交易时段7，价格下跌至127，我们从129至127继续画下跌线段（因为价格是顺着此前的钥匙线的方向变动的，所以变动幅度不需要达到4点，我们就可以继续画线）	
在交易时段8，价格上行至134，比此前钥匙线的低点高了7个点，足以画一根转向上升线。所以我们画一根短短的横向拐点线，然后从127向上至134的上升线。请注意，当这根线往上穿越前高133时，线段由细变粗。这是钥匙线的一个重要特征之一	
规则10：如果一根细线超越前高，从超越点位开始起，线由细变粗，这个前高称为"肩"	

	（续）
规则 11：如果一根粗线向下跌破前低，这根线从前低被穿越的位置起由粗变细，这个前低称为"腰"	 腰　价格跌至前腰下方，线由粗变细

在以下的讨论中，我们都以表 8-1 及图 8-1 为参考。

如规则 11 所述，前低被突破时，钥匙线由粗变细。请注意看，在图 8-1 中，价格曾有几度虽反向运行，但是幅度不足以打破前低（如交易时段 19～20），因此，钥匙线的粗细没有发生变化。但是，在交易时段 30，价格到达 165，打破前低——交易时段 25 创下的 169。因此，当我们画交易时段 30 的钥匙线线段时，从价格移动至 169 下方开始，线由粗变细，由阳转阴。同样，在交易时段 38，行情突破前高，钥匙线从突破位置开始由阴转阳。

百分比钥匙图

将转向值设定为一个绝对值有一个问题，那就是针对不同的股价，这个转向值也应该有所不同。如果转向值设定为 1 美元，对于 20～30 美元价格的股票来说，可能是合适的，但对于 5 美元价格的股票来说就太高了，对于 100 美元价格的股票来说就太低了。钥匙线图对此有一个独特且很有效的解决之道，那就是将转向值设定为一个百分比，而不是固定的绝对值。例如，在一个 3% 的钥匙图上，如果初始价为 50 美元，第一个转向值就是 1.50 美元（= 3%×50 美元）。如果股价上升至 70 美元，转向值就变成了 2.10 美元（= 3%×70 美元）。这样一来，随着股价上涨，转向值也自动上涨；同理，随着股价下跌，转向值也会自动下移。

在日本，使用百分比钥匙图的人还是不如用绝对值（一个固定数值）钥匙图的人数量多。这是因为日本交易者喜欢手工画线，而手工画线时，计算测定百分比比较耗时间。但随着相关计算机软件的普及，交易者可以很轻松地使用百分比转向标准了。

不管交易者使用的是百分比标准还是一个绝对值转向标准，这个转向标准的设定取决于个人的交易风格和长短线特征。日本技术分析师协会的一位钥匙图专家曾向我透露，他个人的股票交易中通常使用3%的转向标准。对于相对长线的交易者而言，5%钥匙图也很受欢迎。

钥匙图的交易技巧

见阳买入，见阴卖出

钥匙图有多种用法，最基本的用法就是：当钥匙线由阴转阳（由细变粗）时买入，当钥匙线由阳转阴（由粗变细）时卖出。我们知道，钥匙线向上超越前高时变粗，向下突破前低时变细。

图 8-2 中标出了基本的买入、卖出信号。阳线（粗线）出现时，构成买入信号，阴线（细线）出现时，构成卖出信号。可以看出，当市场横向盘整时，图中的买入卖出信号（如 B_2-S_2、B_3-S_3）可能导致亏损发生。这是因为钥匙线与三线反向突破图、砖形图一样，属于趋势性交易工具，在趋势不明确的市场中，钥匙线会导致高买低卖、频繁进出（有方法可以规避这样的风险，那就是调整钥匙线的敏感度，这一点下面有讨论）。但是，钥匙图的目标是抓住长期趋势。图中的买点 B_4 和卖点 S_4 之间，就是这样的长期趋势。在这个美林证券的钥匙图中，有一个积极的信号，那就是从 1 月起，高点与低点均逐级抬高，表明市场呈现强势。但从 S_4 开始，高点与低点均节节走低。下面一节我们就讨论高低点的这种纵向比较及其意义。

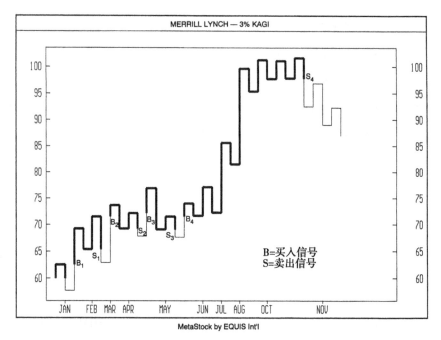

图 8-2 基本买入、卖出信号：美林证券 3% 钥匙图——日线

肩与腰

前高也称"肩"，前低则称"腰"。如果前后多个肩与腰节节抬高或逐级走低，则充分传达了市场的强势或弱势。如图 8-3a 所示，图中各肩（标示为 S_1、S_2、S_3）依次抬高，各腰（标示为 W_1、W_2、W_3）逐级上升，表明市场活力增强，多方有能力维持一个节节走高的循环。在图 8-3b 中，S_1、S_2、S_3 依次走低，各腰（W_1、W_2、W_3）连续下沉，表明空方的优势较强。

在图 8-4 中，从 S_1 到 S_5，肩部连续升高，表明多头占优。与此同时，腰 W_1 到 W_4 也连续上抬。钥匙图中这种高低点逐渐抬高的情况，反映市况良好。但在 W_5 处，多头有力量衰减的迹象，因为从这里开始，此前的高低点不断上行的循环被打破了，W_5 的低点低于此前 W_4。从长线交易的观点来看，这个钥匙图反映市场为持续走弱形态，因为 6～9 的几个重要高点和 A～D 的几个重要低点，都是节节走低的（从短线交易的观点来看，这期间也出现过几次重要的反弹）。

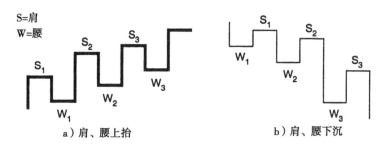

图 8-3　肩与腰

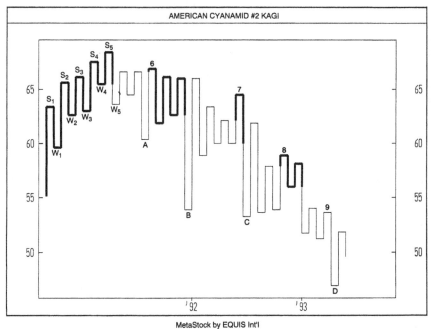

图 8-4　高低点的意义：美国氰氨 2 美元钥匙图——日线

股票共同基金的价格只提供收盘价，因为蜡烛图要有开盘价、收盘价、最高价、最低价才能画成，所以蜡烛图不能用来分析股票共同基金。但是，现在我们有三线反向突破图、砖形图和钥匙图来对股票共同基金的走势做技术分析了，因为这些技术分析图形只需要收盘价。以图 8-5 为例说明，比较前后肩、前后腰的高度，我们就可以判定某共同基金走势的强弱。图中，从 S_1 到 S_5，从 W_1 到 W_5，肩部与腰部逐渐抬高。买方势力衰减的第一个迹象出现在肩部 6(S_6) 和腰部 6(W_6)$^\ominus$，因为它们均低于前面的肩位与腰位。此后的行情中，S_5 成为一个阻力位。

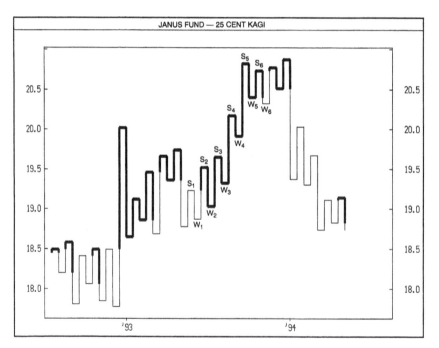

图 8-5 比较肩与腰的前后高度变化：Janus 基金 0.25 钥匙图——日线

多级突破

如第 6 章所述，在利用三线反向突破图进行交易时，日本投资者会在

$\ominus$ 这里原书出现一个小错误。——译者注

转向线后等待又一根白线或黑线,以待市场对趋势的进一步确认,同样的策略也可用于钥匙图。在钥匙图中,这种等待意味着让钥匙线突破两个或两个以上的前高或前低,再来确认市场已经走强或者走弱。在图8-6中,每个前高或前低都称为一个"级"。在图8-6a中,当一级低点(即前面一个腰部 W_1)向下突破时,钥匙图中的阳线(粗线)变为阴线(细线)。但是,有些交易者此时还不会进场做空,他们要等待二级突破,也就是说,他们要等待前面的两个低点(W_1、W_2)都被突破后,才会认定卖出信号得到确认。图8-6b是一个三级突破形态,也就是说图中的上涨突破了此前的三个高点($S_1 \sim S_3$)后,有些投资者才认定买入信号获得确认。

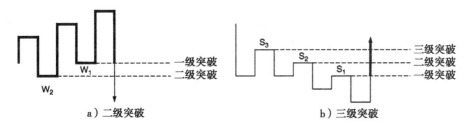

图8-6 二级突破与三级突破

任何对进一步确认的等待,意味着等待时间的延长,这对任何技术都不例外,对钥匙图的多级确认技术也是如此,这种等待意味着获利潜力的降低。但是,进一步的确认,也同时意味着趋势转向判断准确率的提高。这也就又回到了收益与风险的正相关这个老话题上,风险越低,必然意味着回报越低。

在图8-7中,高点($S_1 \sim S_5$)依次降低,低点($W_1 \sim W_5$)也节节下沉,表明市场走弱。但是,这个高点与低点逐级下移的循环,在S_6处被打破。S_6构成了一个二级突破,因为它上移到了前面两个近期高点(S_4、S_5)的上方。此外,从S_6处开始的向下回抽止步于前低W_5上方,进一步支持了市场底部正在形成的判断，因为这是几个月来，行情首次出现低点上移（$W_5 \sim W_6$）。

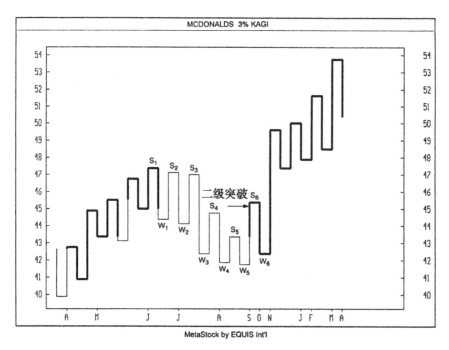

图 8-7　二级突破：麦当劳 3% 钥匙图——日线

阴阳线的长度

在蜡烛图上，黑白线的长度反映熊牛的优势所在；在钥匙图上，阴阳线的长度也有类似的提示作用。只要比较一下钥匙线上粗（阳）细（阴）线的相对长度，我们就可以感觉到市场的主导力量究竟掌握在空方还是多方手中。图 8-8 很直观地显示了阴阳线长度的提示作用。如果阴阳线等长，我们可以视之为蜡烛图上的十字星，市场处于平衡状态。如阳线较长，则多方主导市场；如阴线较长，则空方占据优势。

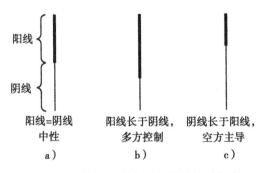

图 8-8　比较钥匙线中阴阳线的相对长度

在图 8-9 的钥匙线 1～3 中，阳线均长于阴线，表示多方的力量比较强大。在钥匙线 4 中，阴线的长度大于阳线，表达了市场的空头意味。

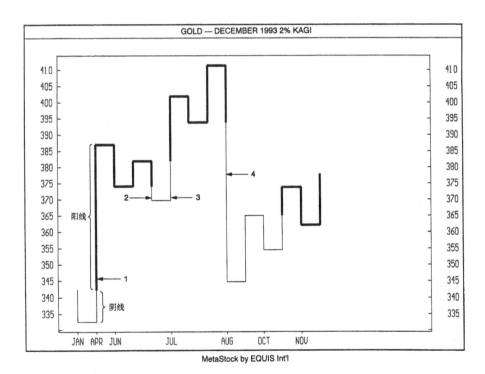

图 8-9　钥匙线中阳线段与阴线段的相对长度：1993 年 12 月的黄金期货 2% 钥匙图——日线

修正发生在前钥匙线内部

如果市场发生修正，但是修正的幅度没有突破前一根钥匙线的高低点之内，则反映市场情况没有走坏。具体来说，钥匙线的中点是一个意义重要的位置。如图 8-10a 所示，如果市场上涨后发生修正，只要修正的低点没有触及前一根长长的钥匙线的中点，形态还是可以看多，因为这表明多方成功地阻止了空方深度进入多方的腹地。在这种态势中，如果行情进一步上行，超越前高，则可认为市场发出买入信号，因为市场上的多方已经再次完全控制了行情的主导权。

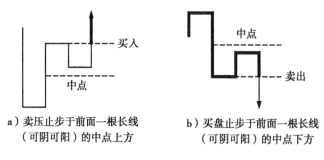

图 8-10　钥匙线的中点

在一段下行趋势中，市场即使反弹，但如果没有能够刺穿前面一根长钥匙线的中点就回头，这也是一个负面信号，表示多头的力量有限，甚至无法抵达前面一根线的中点位置，如图 8-10b 所示。如果市场进一步下跌，跌穿前低，这是一个卖出信号，因为在这个时空点上，空方已经从多方手中夺取了市场的控制权。

注意，一般而言，中点的价值取决于这根钥匙线的长度，长度越大，这个位置的意义就越大。这一点与蜡烛图上黑白实体的中点的价值是一样的，实体长度越大，其中点的分界线意义越强。

在图 8-11 中，字母 M 表示的是一些长线（钥匙线）的中点。我们可以看出，M_1 构成了一个重要支撑，因为钥匙线 1 的低点维持在 M_1 之上。中点 M_2 的价值更高，因为它处于 3～5 月所有前高（109～110）的上方。钥匙线 2 表示的回抽不但收于这些高点上方，而且没有刺穿中点 M_2，表达了市场的强势。中点 M_3 也构成了支撑，因为钥匙线 3 的修正也没有突破这个位置，但是钥匙线 4 突破了 M_3 所构成的支撑线。这时，钥匙线 4 的中点 M_4 构成了阻力位，而后来的上涨不但没有突破这个阻力位，而且没能向上突破钥匙线 3 的低点。让我们又想起技术分析中的经典结论之一：旧的支撑一旦被突破，就有可能构成新的阻力。

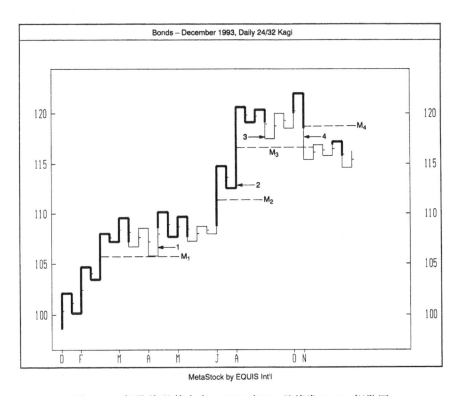

图 8-11　钥匙线及其中点：1993 年 12 月债券 24/32 钥匙图

双窗口形态

双窗口形态在钥匙图中既可能是底部反转形态，也可能是顶部反转形态（注意，钥匙图中的双窗口形态与蜡烛图中的双窗口是不同的）。如图 8-12a 所示，双窗口底部形成的形态特征是：

- 在下行趋势中，市场发生反弹，形成一个肩部（S_1），这个肩部的高点低于前一个腰部的低点 W_1。
- 后面一个腰部 W_2 也高于肩部 S_1。

这个形态之所以称为双窗口形态，是因为两个腰部位置 W_1 与 W_2 都高于中间的肩部 S_1。这个形态就好像在肩部 S_1 与左右两个腰部之间出现了一个价格缺口（即打开的窗口）。如果这两个腰部之间出现了不止一个肩部，这个形态还是可以被视为一个双窗口形态，只要这几个肩部的最高点没有触及左右腰部的位置，如图 8-12b 所示。

图 8-12c 与图 8-12d 为双窗顶部形态，其形成条件为：

- 发生在上升趋势中，左肩 S_1 低于后面的腰部 W_1；
- 下一个肩部 S_2 也低于腰部 W_1。

换言之，肩部 S_1 与 S_2 都低于两者之间的腰部 W_1。图 8-12d 表示，如果两个肩部 S_1 与 S_2 之间出现多个腰部，但只要最低的腰部高于 S_1 与 S_2，这个形态仍然是双窗顶。

图 8-13 显示，双窗底的发现有三个步骤。第一步，看到 W_1 这个低点；第二步，将这个低点与后面的一个或一组肩部做比较（在本图中，这一组肩部分别标示为 1～5，形成于 2～3 月）。请注意，腰部 W_1 高于最高的肩部 S_4。最后一步，在这些肩部高点被突破以后，钥匙线形成了一个新的腰

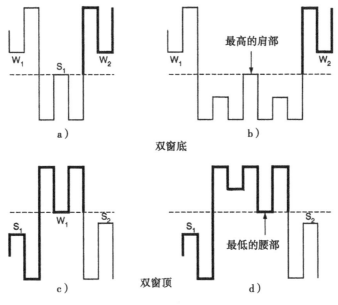

图 8-12　双窗形态

部 W_2，只要这个腰部仍然高于最高的肩部（在本图中为 S_4），我们就看到了一个符合双窗底的形态。在本例中，我们还可以看出，12 月至来年 1 月的支撑位转化为阻力位，肩部 $S_1 \sim S_5$ 的形成，就是对这个阻力位的认可。市场后来终于打破这个阻力位，同时形成双窗底，这两者都是市场转牛信号。

如图 8-14 所示，1993 年年末市场出现了一个双窗顶：标示为（2）的最低腰部位置高于两边的（1）、（3）肩部。1994 年初期，再次形成一个双窗顶：肩部 A 低于后面一组腰部（B 和 C），后面的肩部 D 比最低腰部 B 低一点，尽管不那么明显，但 B 位为 114 6/32，而 D 位为 114 1/32，两者之间存在 5/32 的价格缺口。这样一来，还是形成了一个双窗顶。图中我用两个椭圆形标示出两个双窗，因为日本人传统上也是用这种图形来标示双窗形态的。

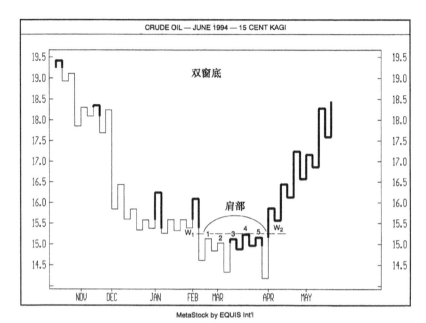

图 8-13 双窗底：1994 年 6 月原油期货 15 美分钥匙图

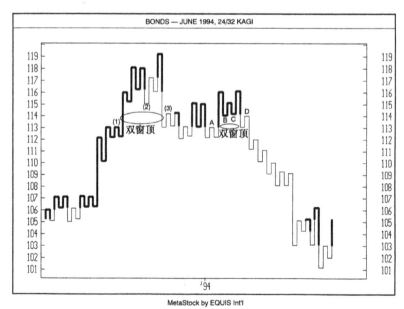

图 8-14 双窗顶：1994 年 6 月国债期货 24/32 钥匙线

趋势线

如图 8-15 所示，我们将在 1992 年年末开始的下跌中出现的一系列高点相连，就形成了一个下降的压力斜线。值得注意的是，这一系列高点都是前一根钥匙线（分别标示为 1～6）的中点或者中点下方的位置，行情每次反弹到这里就无力再上行，然后又开始下行，这表明多方的反攻比较疲弱。但到 Y 处，市场形成的低点不低于前面的低点 X，也就是说没有再创出新低，这也是多个月份以来，市场首度没有创出新低，这是多方开始站稳脚跟的第一个迹象。图中 X 与 Y 区域形成了一个双底，为一波小反弹构筑了一个比较像样的基础，这波反弹的支撑线为 Y 处开始的上升趋势线。从 8 月开始，市场的钥匙线低点逐级抬高，形成了另一根上涨趋势线。

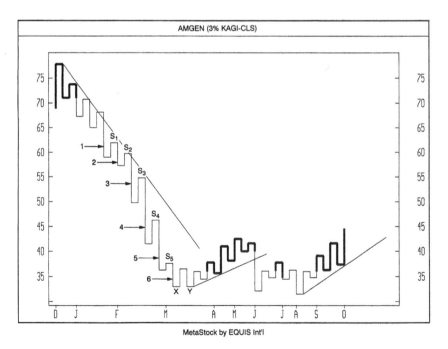

图 8-15　支撑线与压力线：Amgen3% 钥匙图——日线

极性转换原则（前支撑构成现在的压力，前压力构成现在的支撑）也可以用在钥匙图中，因为钥匙图中的前支撑与前压力（阻力）位也是非常明显的。例如，在图 8-16 中，45 美元和 50 美元附近的两个阻力位，后来都转换为支撑位。

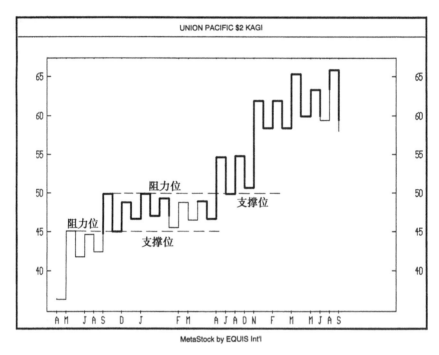

图 8-16　极性转换原则：太平洋联合 2 美元钥匙图——日线

镊子顶

如上所述，在钥匙图上，支撑位与阻力位都非常明显。图 8-17 的钥匙线中有一个双顶，日本人称这种顶为"镊子顶"。值得注意的是，该图上半部分的蜡烛图部分，如图中所注文字所示，也有一系列的筑顶形态（基于蜡烛图形态理论）。注意，在钥匙线上，这个双顶确认在 4 月初才形成，而在蜡烛图上，早在3月初，顶部形态就已经初露端倪。这反映出钥匙线的一个弱点，那就是它给出趋势反转信号的时间比较晚。与三线反向突破图及砖形图一样，钥匙图不适合于及时逃顶或抓底，但对于喜欢抓住行情的"肉段"的交易者来说，它非常适合。

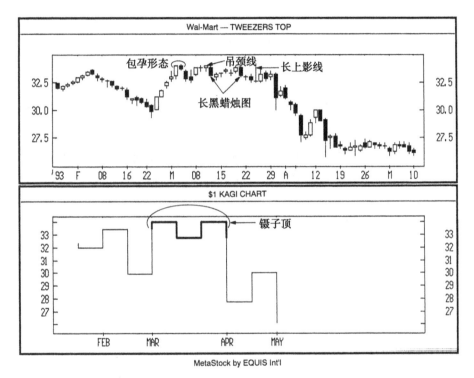

图8-17　镊子顶：沃尔玛蜡烛图与1美元钥匙图——日线

三佛顶与三佛底

图8-18显示的是典型的三佛顶与三佛底形态，它们与西方技术分析中所谓的头肩顶与头肩底是一样的。当三佛顶的右肩被下穿以后，市场就发出了卖出信号。

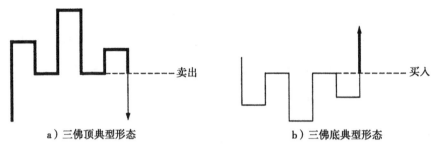

图 8-18　典型的三佛顶与三佛底形态

我们以图 8-19 来说明交易者可以用什么方式来判定一个三佛形态的空头或多头信号价值。例如，在图 8-19a 中，右佛的反弹受挫于前面一根长钥匙线的中点以下，表明多方的攻击较弱。在图 8-19b 中，卖压止步于前面一根长钥匙线的中点以上，表明市场转强。图 8-19c 和图 8-19d 表明，如果一个三佛形态实现了二级突破，那么它的信号就更加强了。

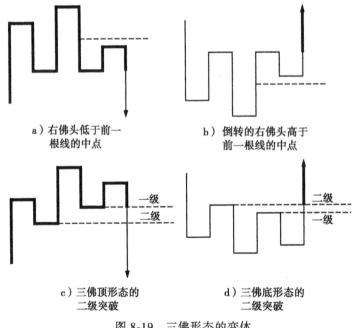

图 8-19　三佛形态的变体

在图 8-20 中有一个三佛顶形态。当上升趋势线被打破以后，图中发出第一个空头信号，而钥匙线上的一级突破，则对这个空头信号进行了确认，如果有的投资者喜欢等待对信号的进一步确认，那么钥匙线上的二级突破就是这样一个对顶部的额外确认。

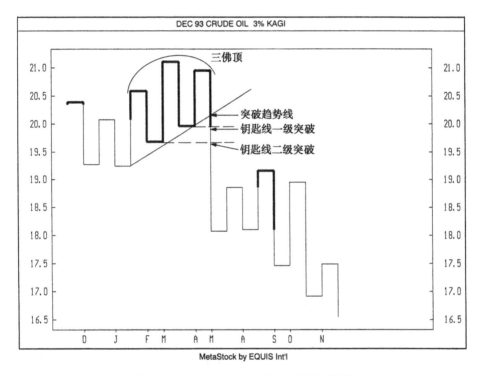

图 8-20　三佛顶：1993 年 12 月原油期货

图 8-21 是一个经典的三佛底形态，两个腰部 W_1 与 W_2 基本在一条水平线上。行情上行突破了肩部 S_1 与 S_2（箭头标示处）后，形成了一个二级突破，确认了三佛底形态的完成。注意，S_1 与 S_2 原为阻力位，在突破形成以后，它们变成了支撑位，以此为支撑，行情继续上行，肩部与腰部逐级抬高。

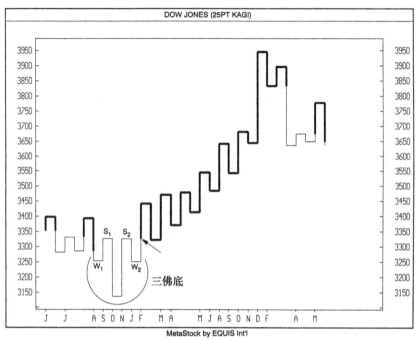

图 8-21 三佛底：道琼斯 25 点钥匙线

迭创新高（低）

无论是用蜡烛图还是用钥匙图，日本交易者很看重"迭创新高（低）"概念。钥匙图中的迭创新高（低）概念与本书第 3 章所讨论的蜡烛图中的这个概念一样。在钥匙图中，计算新高或新低时，所计点的是肩部或腰部。在图 8-22 中，9 个肩部依次升高（不一定完全连续），也就是创下了 9 个新高。同样，看到 9 个腰部逐级走低的形态，我们说市场迭创 9 个新低。在日本交易者看来，如果市场在钥匙图上创出了 9 个新高或新低，就必须警惕市场反向发力的可能。

如图 8-23 所示，1992 年年初，市场形成了一个三佛底形态。从这里开始，多方掌控市场，行情由 30 美元附近一直上行到 43 美元。在这波上涨过程中，出现了 9 个新高。在第 9 个新高之后，价格的上行受挫，到 1993

年年初，图中在 43 美元附近出现了一个双顶形态。

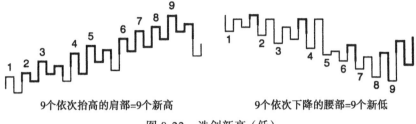

图 8-22　迭创新高（低）

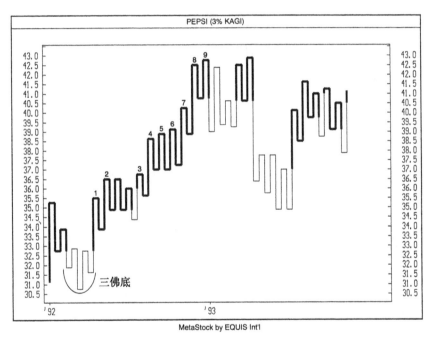

图 8-23　迭创新高：百事 3% 钥匙图——日线

大多数日本交易者画钥匙图时所使用的都是日收盘或周收盘数据，但钥匙线也可以用日内分时数据，这与点线图一样——既可用来画日线，也可用来画日内分时图。图 8-24 是一个 5 分钟钥匙图，使用的数据都是 5 分钟收盘数据。适用于日线钥匙图的画图规则与交易技巧，同样适用于日内分时钥匙图。在本图中，我们看到4月末与5月初出现了明显的阻力位。5月6日，上升趋势线被打破。在此以前，市场到达一个新高X，从这里开始，行情迭创9个新低，反弹的可能性不断增强。此外，5月9日和10日的两个低点形成了一个双窗底。

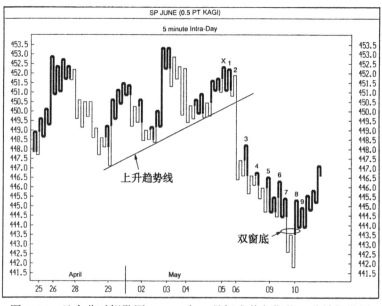

图8-24　日内分时钥匙图：1994年6月标准普尔期指5分钟钥匙图

图8-25显示了钥匙图的一个重要优点，它能让我们对只提供收盘价的共同基金等市场进行详细的分析。在图中的麦哲伦基金走势上，多个钥匙线技术可以用来在1993年年底前发出顶部信号。这些信号包括：

- 长线1、2、3以后的回抽都终止于长线的中点以上，表明市场处于强势状态。但是，后来空方逐渐获得主动，将价格压低到长线3（箭头所指线）的中点以下时，表明市场的强弱状况已经发生了变化。
- 高点A～E的上升，以及低点A′～F′的上移，表明市场逐渐逞强。但是高点 F 低于前高，而且低点 G′ 低于前低，警示市场失去了上行动能。
- 从 1992 年末期到 1993 年末期，钥匙线的阳线段长于阴线段。表示多方占优，但在长钥匙线 3（这根线同时突破到前一根长钥匙线的中点以下）上，阴线段长于阳线段，反映此时空方获得了市场的主导权。

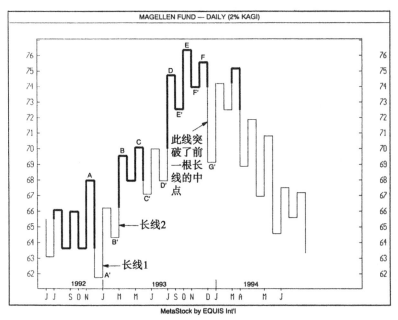

图 8-25　麦哲伦基金 2% 钥匙图——日线

钥匙图练习题

你可以将后面的画图用小方格纸复印一份，然后在上面画图，也可以直接在白纸上画钥匙图，画图用的数据如表 8-2 所示。这个图的价格区间（标示在纵轴上）为 34～40 美元。图中的交易时段序号出现在钥匙图上，与相关的钥匙线对应——如果该交易时段应该画线的话（如后面的图 8-26 参考答案所示）。尽量先自己画图，然后再对照参考答案。

表 8-2　钥匙图练习题所用数据

交易时段	日期	收盘价	交易时段	日期	收盘价
1	1994/04/04	35.750	33	1994/05/19	39.500
2	1994/04/05	37.250	34	1994/05/20	38.875
3	1994/04/06	39.000	35	1994/05/23	38.500
4	1994/04/07	38.375	36	1994/05/24	39.000
5	1994/04/08	37.750	37	1994/05/25	38.500
6	1994/04/11	37.750	38	1994/05/26	38.500
7	1994/04/12	37.375	39	1994/05/27	39.000
8	1994/04/13	36.250	40	1994/05/31	39.000
9	1994/04/14	35.750	41	1994/06/01	40.000
10	1994/04/15	35.250	42	1994/06/02	39.875
11	1994/04/18	36.250	43	1994/06/03	39.875
12	1994/04/19	35.250	44	1994/06/06	38.875
13	1994/04/20	34.500	45	1994/06/07	38.500
14	1994/04/21	35.625	46	1994/06/08	38.250
15	1994/04/22	35.500	47	1994/06/09	38.875
16	1994/04/25	36.625	48	1994/06/10	39.375
17	1994/04/26	36.375	49	1994/06/13	39.375
18	1994/04/28	36.250	50	1994/06/14	39.750
19	1994/04/29	36.875	51	1994/06/15	39.500
20	1994/05/02	37.250	52	1994/06/16	39.375
21	1994/05/03	36.875	53	1994/06/17	38.500
22	1994/05/04	36.500	54	1994/06/20	37.750
23	1994/05/05	37.125	55	1994/06/21	37.625
24	1994/05/06	36.375	56	1994/06/22	37.500
25	1994/05/09	35.875	57	1994/06/23	36.500
26	1994/05/10	36.625	58	1994/06/24	35.000
27	1994/05/11	37.125	59	1994/06/27	36.625
28	1994/05/12	36.250	60	1994/06/28	36.000
29	1994/05/13	37.000	61	1994/06/29	35.875
30	1994/05/16	37.250	62	1994/06/30	35.000
31	1994/05/17	37.500	63	1994/07/01	35.250
32	1994/05/18	38.500	64	1994/07/05	35.125

第 8 章 | 钥 匙 图

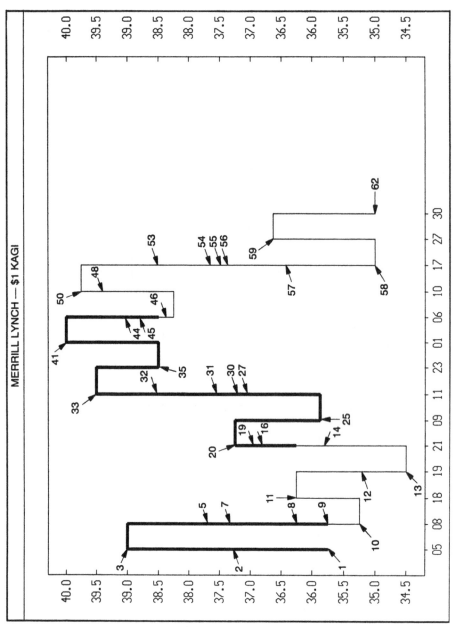

图 8-26 美林证券 1 点钥匙图

结　　论

本书讨论了蜡烛图、差异指数、三线反向突破图、砖形图和钥匙图。读者也许要问哪个图形技术最好？我不敢说钥匙图就优于三线反向突破图或者蜡烛图。事实上，它们各有各的优点与用途。例如，钥匙图、三线反向突破图与砖形图有利于对市场的宏观把握。蜡烛图可以用来从微观上观察市场，及早发现市场的反转信号。日本技术分析师协会的一位专家曾经告诉我，他也用钥匙图和其他日本技术分析工具，但是他会跟着蜡烛图信号下单交易。在本书的第1章中，我曾经引用一名日本武士的话说："学问是一道门，而不是房子本身。你必须穿过这道门，才能进入那幢房子。"我现在已经带你迈进了这道门。有谚语云："师傅领进门，修行靠个人。"

在本书的帮助下，我希望你能打下一个基础，形成一系列基本的观念，在这个基础上，你就可以继续深入研究下去了。我所探讨的技术，只能视为基本的技术工具，你可以根据自己的交易需求和交易风格，对这些工具进行适应性的调试。这些工具潜力巨大，威力无比，但需要你在自己的研究与实践中去发挥、发现、完善。

每个交易者都会发现，如何以适当的方式使用三线反向突破图、砖形图和钥匙图，取决于许多个人化的因素，包括交易风格、风险偏好、交易的长短线选择等。对于这些新价图的使用，可以有各种方式、方法，无所谓绝对的对与错。我相信，许多交易者都会在实践中形成自己的创见。

我在日本技术分析师协会的一位朋友曾写信给我说："我的朋友判断市场的方式各不相同，各有千秋。"我在本书中所介绍的种种工具，就像一棵棵品质优良的果树，而你自己的思想则是这些果树所依赖的肥沃的土壤，两者的完美结合，有望能结出丰美的果实——宝贵、有效的交易观念。

术语解释

这里集中介绍本书讨论过的形态与新的图形交易方式。由于本书并没有全面介绍所有的蜡烛图形态，如果有读者希望获得更全面的蜡烛图技术名词解释，请阅读我的第一本书：《日本蜡烛图技术》。

锚形图：可能是最早出现的能够直观地反映开盘价与收盘价之间的相互关系重要性的图形。在锚线中，垂直线段上下端点为交易时段的最高价与最低价。锚线上的横线代表开盘价。箭头是收盘价。如果收盘价高于开盘价，箭头上指；如果收盘价低于开盘价，箭头向下。

锚形图（最高价—最低价—收盘价—开盘价）

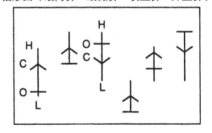

条形图：西方最常用的图形。图中垂直线的上下端点为交易时段的最高价与最低价。垂直线右边的横线是收盘价，左边的横线为开盘价[一]。日本人也曾使用条形图，但这种图形在日本后来被更复杂、先进的锚形图与蜡烛图所替代。从本质上来讲，条形图是蜡烛图的雏形。请参见锚形图、杆状图和停顿图。

条形图（最高价—最低价—收盘价）

[一] 下面的图形中没有左横线。——译者注

基价：钥匙图、砖形图与三线反向突破图中的初始价。

空头吞噬形态：一种空头蜡烛线形态，出现在上升波段，表现为一个黑实体包裹前面的白实体。第二根蜡烛线相对于第一根蜡烛线越长，这个形态的有效性越强。空头吞噬形态有可能构成阻力。

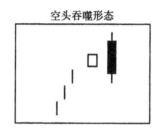

黑鞋：请参见"在黑鞋上面有白套装，白套装上面伸出脖颈时买入"，以及"在脖颈下面有黑套装，黑套装下面出现黑鞋时卖出"。

黑套装：请参见"在脖颈下面有黑套装，黑套装下面出现黑鞋时卖出"。

黑色转向线：三线反向突破图中的黑线，它突破了此前三根连续白线的低点。同时请参见"白色转向线"。

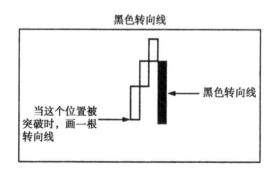

合成蜡烛线：把一个蜡烛线形态中的数根蜡烛线合成一根后形成的蜡烛线。合成蜡烛线可以用来帮助判定一组蜡烛线的多空信号。要画一根合成蜡烛线，要注意以下规则：

（1）合成蜡烛线的开盘价即为这个蜡烛线形态中第一根蜡烛线的开盘价。

（2）合成蜡烛线的上影线的顶点，为这组蜡烛线中最高的那个高点，也即最高的上影线的顶点。

（3）合成蜡烛线的下影线的低点，为这组蜡烛线中最低的那个低点，也即最低的下影线的低点。

（4）合成蜡烛线的收盘价，是这组蜡烛线中的最后一根蜡烛线的收盘价。

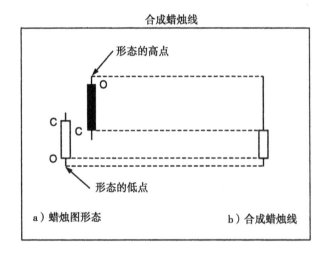

多头吞噬形态：为底部反转信号，由两根蜡烛线构成，第一根为黑线，第二根为白线。白线的实体包裹（吞噬）前面一根蜡烛线的实体。第二根蜡烛线的实体（白实体）应大大超过第一根蜡烛线的黑实体。多头吞噬形态有可能构成支撑。

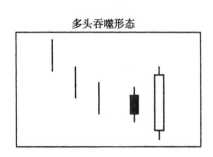

"在黑鞋上面有白套装，白套装上面伸出脖颈时买入"：日本技术分析师描述三线反向突破图中的一种多头形态时所使用的一句话。黑鞋指的是一根短黑线，白套装指的是白色转向线（超越前面三根连续黑线的一根白线），白色转向线后的小白线称为脖颈，因为它看起来就像是从白套装里伸出来的脖子。

"在黑鞋上面有白套装，
白套装上面伸出脖颈时买入"

（图：脖颈（买入信号）、白套装、黑鞋）

蜡烛线：也称蜡烛图，是日本最流行的图形分析技术。从19世纪开始使用，所使用的数据与条形图一样，包括开盘价、最高价、最低价与收盘价。但是，蜡烛线就市场的强弱状况提供了更加直观、形象的信息，因为它把蜡烛线分成了实体与影线两种形态。

蜡烛线（最高价—最低价—收盘价—开盘价）

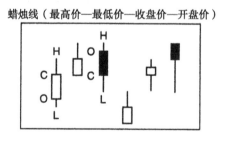

极性转换原则：指的是一种技术判断原则，即旧的阻力位可构成新的支撑位，而旧的支撑位可转换成新的阻力位。

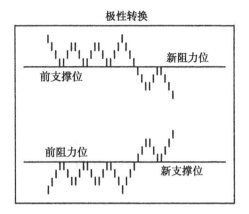

崩盘十字星：顶部反转信号，由三根线构成。第一根线为长白实体，此后市场跳空低开，形成一个下降十字星，第三根蜡烛线在这个十字星下面再次跳空低开，并形成黑色实体。这三根蜡烛线各自的形态与黄昏星的三根蜡烛线形态一样（参见黄昏星），差别在于崩盘十字星的十字开在第一个白实体的下方，而黄昏星的十字星跳空高开在第一个白实体的上方。

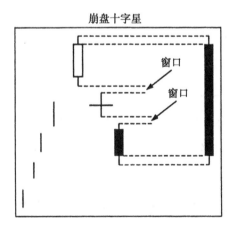

乌云盖顶形态：出现在上升趋势中，先是一根长白蜡烛线，紧接着是高开低走，收盘价切入长白蜡烛线实体的深处。标准的乌云盖顶形态中，黑蜡烛线的收盘价应该在前面白蜡烛线中点的下方。一般而言，黑蜡烛线切

入白蜡烛线实体越深，空头信号越强。在股市中，即使黑蜡烛线的开盘只是在白蜡烛线收盘点的上方，而不是白蜡烛线高点的上方，也可以认为这是一个乌云盖顶形态。乌云盖顶形态也可能构成阻力。

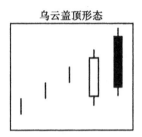

乌云盖顶形态

死亡交叉：短期均线下穿长期均线时构成的空头信号。请参见黄金交叉。

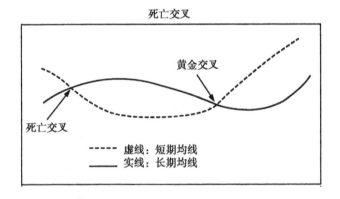

死亡交叉

差异指数（差异比率）：一种摆动指标，将本交易时段的收盘价与移动均线相比较后得出，以百分比表示。例如，如果25日差异指数为–10%，那就意味着今天的收盘价比25日移动均线低10%。差异指数可以有多种用途，包括用于超卖超买指标，用于趋势方向信号，用于测量背离程度的工具。⊖

⊖ 这里有一个问题要说明：在原书中，作者用divergence时，指的是一种背离，价格创出新高，而差异指数创出新低；后来用divergence index指的是偏离指数，意义与差异指数完全一样，只是表述不同，一个用差除以移动平均，一个用原值除以移动平均，同用divergence这个词就有问题，因此divergence译为背离，而divergence index译为偏离指数，正文中也是如此。——译者注

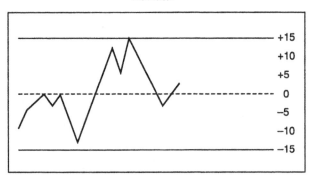

差异指数

偏离指数：一个摆动指标，用现价除以选定的移动平均得出，以百分比表示。因此，25日偏离指数如果为110%，也就意味着今天的收盘价为25日移动平均的110%。偏离指数与差异指数是一样的，只是表述有差异。举例来说，25日偏离指数如果为110%，那么差异指数就是+10%。

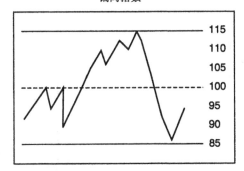

偏离指数

十字星：交易时段中开盘价与收盘价一样而形成的蜡烛图形态。它反映市场处于犹豫状态，暗示此前的行情趋势背后的力量可能处于衰减之中，如果在长白实体之后或者在一段过度延伸的行情之后出现十字星，尤其可能表明此前的趋势将发生转向。十字星也可能构成阻力位。

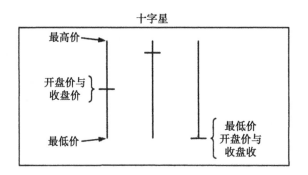

双窗口：钥匙图中的一种形态。双窗可以是顶部反转形态，也可以是底部反转形态。如果钥匙图中的左腰（图中标示为 W_1）高于后面的肩部（标示为 S_1），而紧接着的右腰（W_2）也高于肩部（S_1），钥匙图中就形成了双窗底。相反，如果在上升趋势中出现的一个左肩（S_1）低于后面的腰部（W_1），这个腰部后面的肩部（S_2）又低于腰部 W_1，钥匙图上就形成了双窗顶。

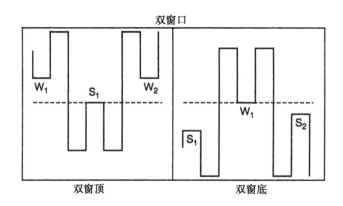

吞噬形态：请见空头吞噬形态、多头吞噬形态、最后吞噬底、最后吞噬顶诸条。

黄昏星：顶部反转形态，由三根蜡烛线组成。这个形态的判定标准包括：处于上升趋势中，一根长白蜡烛线后面跟着一个小实体（可黑可白），这个小实体没有触及长白蜡烛线实体，后面又接着一个黑实体，这个黑实体与前面的小实体没有接触，而且这个黑实体深度切入第一根长白实体。如果第二根蜡烛线是一根十字星而不是小实体，则这个形态为黄昏十字星。

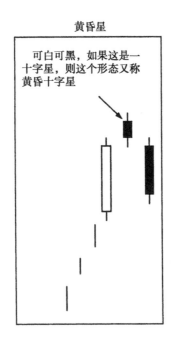

黄昏星

可白可黑，如果这是一十字星，则这个形态又称黄昏十字星

跳空十字星：下跌市道中出现的一个跳空向下的十字星。

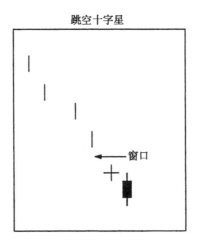

跳空十字星

←窗口

黄金交叉：日本人描述短期均线穿越长期均线形态时所用的术语。参见死亡交叉。

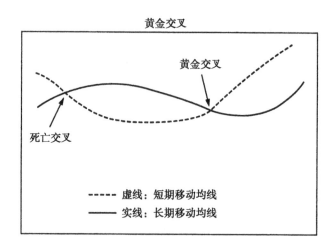

锤子线：一根多头蜡烛线，有四个判定标准：

（1）此前的趋势为向下。

（2）蜡烛图中包含一个小实体（可白可黑），这个小实体处于本交易时段价格区间的上端。

（3）其长下影线通常为实体长度的3倍或以上。

（4）上影线很短或者没有。

吊颈线与锤子线的形态一样，区别在于锤子线出现在下跌趋势之后，而吊颈线出现在上涨趋势之后。

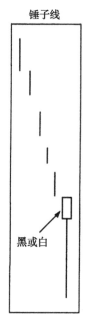

吊颈线：一根空头蜡烛线，但其空头信号有待后面一个交易时段的确认。吊颈线的判定标准有5点：

（1）此前为上行趋势。

（2）其小实体（黑或白）处于本交易时段价格区间的上端。

（3）其长下影线通常为实体长度的3倍或以上。

（4）上影线很短或者没有。

（5）下一个交易时段的收盘处于吊颈线小实体的下方，构成对吊颈线的空头确认。

吊颈线与锤子线的形态一样，但是锤子线出现在下跌趋势之后，而吊颈线出现在上行趋势之后。

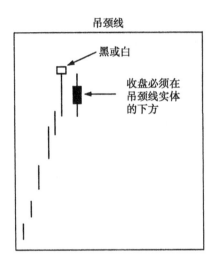

包孕形态：一种双蜡烛线形态，第一根蜡烛线（可白可黑）的实体非常长，紧接着一根实体非常小的蜡烛线（可白可黑），这个小实体的位置处于第一根蜡烛线实体的内部。在标准的包孕形态中，第二根蜡烛线的小实体位于第一根蜡烛线实体的中点位置。请参见包孕十字、高价包孕、低价包孕。

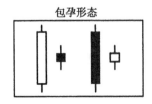

包孕十字：如果包孕形态中的第二根蜡烛线是个十字星，而不是小实体，这个形态就称为包孕十字。

高价包孕：一种包孕形态，其第二根蜡烛线的小实体位处第一个实体的上端，参见低价包孕。

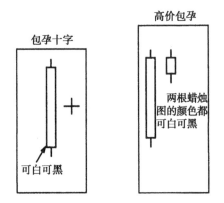

高浪线：上下影线都很长的蜡烛线。它的长下影线表示价格走低时有买家进场（或者卖家撤退），它的长上影线表示市场对于高价不予接受。高浪线的出现，表示趋势进入中性状态，因为它反映市场处于困惑、犹豫之中。

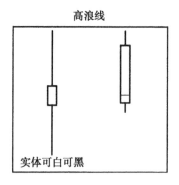

拐点线：钥匙图中的短横线。

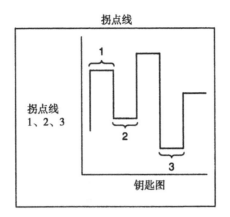

钥匙图：横轴上没有时间刻度的三种日本图形之一（参见砖形图、三线反向突破图）。钥匙图的基本规则是，线的粗细取决于价格的变动。如果价格顺着此前钥匙线的方向运行，则钥匙线也顺着运行。如果价格穿越前高或前低，线的粗细发生变化。画钥匙图时所预设的转向值可以是一个百分比，也可以是一个固定的数值（价格变化值）。请参见拐点线、阳线、阴线。

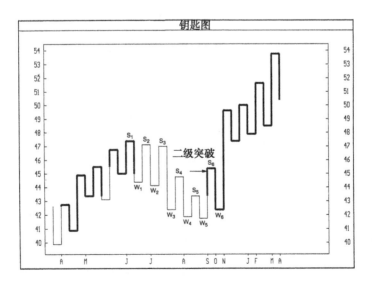

最后吞噬底：一种多头蜡烛线形态，外观上与空头吞噬形态相同，都

是一个长黑实体吞噬前面的白实体。但是，空头吞噬出现在上升趋势之后，而最后吞噬底出现在下跌行情之后。参见最后吞噬顶。

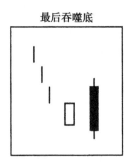

最后吞噬底

最后吞噬顶：一种空头蜡烛线形态，组成与多头吞噬形态相同，都是长白实体包裹前面的小黑实体。但是，最后吞噬顶出现在上行趋势之后，而多头吞噬形态出现在下跌行情之中。

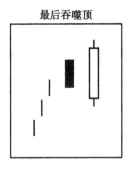

最后吞噬顶

长黑蜡烛线：黑实体特别长的蜡烛线。这种线形表示，收盘价接近交易时段的最低价，开盘价接近最高价。长黑蜡烛线的实体长度应该是前后蜡烛线实体的3倍或以上。长黑蜡烛线可用于确认阻力区，也可用于对向下突破支撑的确认，本身也可视为一个阻力位。长黑蜡烛线构成的阻力位的确切位置在蜡烛线实体的中点以上直至蜡烛线顶端（即上影线顶点）。参见长白蜡烛线。

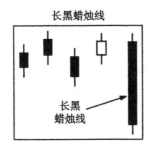

长黑蜡烛线

长白蜡烛线：这种蜡烛线中包括一个长白实体，开盘接近蜡烛线最低价，收盘价接近最高价，实体的长度应该是近期各实体的 3 倍或以上。长白蜡烛线有多种工具价值，包括帮助确认支撑位，对脱离阻力位意义的强化确认等。长白蜡烛线也可用于支撑位，这个支撑位的确切位置在长白蜡烛线的中点直至低点（下影线的底端）。参见长黑蜡烛线。

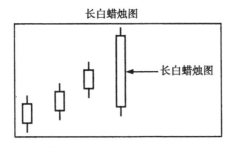

长白蜡烛图

低价包孕：一种包孕形态，其第二个实体接近第一个实体的底端。参见高价包孕。

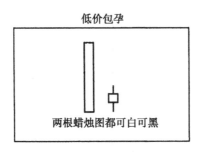

低价包孕

启明星：底部反转形态，包括三根蜡烛线出现在下降趋势中，先是一根黑实体，紧接着一个小实体蜡烛线（可白可黑），这个小实体蜡烛线没有触及前一根黑蜡烛线实体，第三根蜡烛线是个长白实体，高度切入第一根黑蜡烛线的实体上端。如果这里的第二根蜡烛线是个十字星，而不是小实体，则这个形态变成了启明十字星。⊖

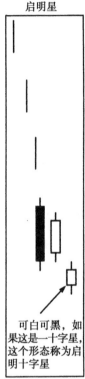

启明星

可白可黑，如果这是一十字星，这个形态称为启明十字星

脖颈：参见"在黑鞋上面有白套装，白套装上面伸出脖颈时买入"，以及"在脖颈下面有黑套装，黑套装下面出现黑鞋时卖出"。

新价图：在这种图形中，行情必须创出新高或者新低时才能添画一根线。日本的新价图包括钥匙图、砖形图、三线反向突破图。

刺穿形态：双蜡烛线形态，出现在下行趋势之后。第一根蜡烛线是一个长黑实体，第二根蜡烛线的开盘创出新低，但收盘时形成白蜡烛线，收盘价位于此前黑实体的中点或以上。

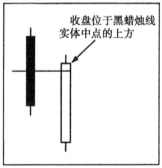

刺穿形态

收盘位于黑蜡烛线实体中点的上方

⊖ 原书中此图有问题，应该前后两根白蜡烛图互换位置。——译者注

杆状图：这种图形只反映每个交易时段的最高价与最低价，是日本图形技术史上出现的第二种图形。参见锚形图、条形图、蜡烛图与停顿图。

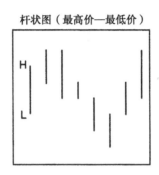

实体：蜡烛图中的长方形部分，顶部与底部代表开盘价与收盘价。如果收盘价位于开盘价下方，这个实体涂黑，实体的顶部代表开盘价，实体的底部代表收盘价。如果收盘价位于开盘价的上方，实体为空心（即白实体），实体的顶部代表收盘价，底部代表开盘价。实体的大小与颜色传达了市场强弱方面的重要信息。参见蜡烛图、长黑实体、长白实体、纺锤线等。

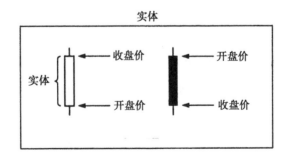

迭创新高（低）：蜡烛图理论认为，如果行情产生 8～10 个连续（或几乎连续）的新高或新低，则市场处于过度（过热、过冷）状态。

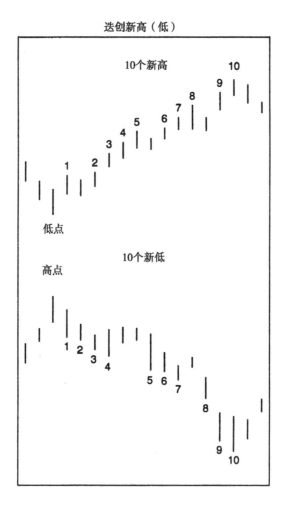

砖形图：三种不反映时间因素的日本图形之一（参见钥匙图、三线反向突破图）。砖形图中的每根线称为一块砖。上行的砖头为白色，下行的砖头为黑色。行情沿着原有方向运行时，只要价格变动幅度达到预先设定的一个值，就加一块新砖（白或黑）。如果上涨或下跌幅度没有达到这个预先设定的固定值，这个上涨或下跌就不会在砖形图上及时反映出来。砖形图上每一块砖的大小是一样的。

术语解释 271

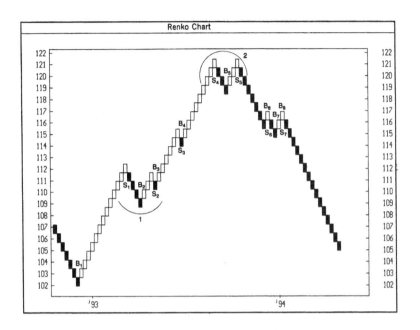

"在脖颈下面有黑套装，黑套装下面出现黑鞋时卖出"：日本人对一种空头三线反向突破形态的描述与信号判读。在三线反向突破图上，所谓的黑鞋为一根小黑线，黑套装即黑色转向线（超越前面三根连续白线的黑线），脖颈为一根小白线，它在黑色转向线的上方，就好像从黑套装里伸出来的脖颈。

影线：实体上下的细线。上影线的顶端为交易时段的最高价，下影线的底端为最低价。长上影线反映市场拒绝最高价。长下影线表示市场的卖压蒸发（或者空头被多头压倒）。参见蜡烛图、高浪线。

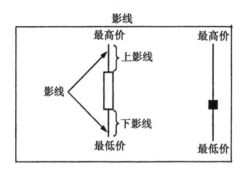

流星线：空头蜡烛线，上影线很长，实体（可白可黑）很小且接近蜡烛线的底端。流星线是一种顶部反转信号，因此必须出现在上升趋势之后。㊀

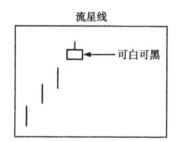

肩：钥匙图上的前高点。

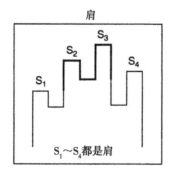

㊀ 这里的图有点问题，这根上影线太短。——译者注

纺锤线：实体很小的蜡烛线，它发出一个信号，暗示此前的趋势可能正失去动能。

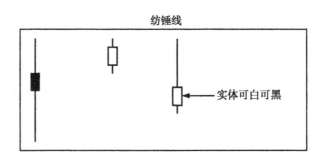

弹簧线：多头信号，表现为行情突破到重要支撑位的下方，然后又"弹回"到已被打破的支撑位上方。参见上插线。

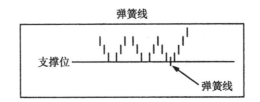

停顿图：只反映收盘价的图形，日本图形技术史上出现的第一种图形。参见锚形图、条形图、蜡烛图和杆状图。

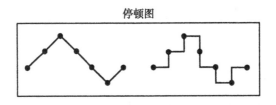

三线反向突破图：不考虑时间因素的三种日本图形之一（参见砖形图、钥匙图），换言之，这种图形的横轴上没有时间刻度。图中的上升线为白线，下行线为黑线。开始画图时，如果第一个交易时段为上涨，则第一根线为

上升白线；如果为下跌，则第一根线为黑色下降线。此后，如果价格上超第一根线，则右移一格画一根新白线；如果收盘价在第一根线下方，则右移一格画一根黑线。只有在行情创出新高或新低时才画一根新线。如果一根新黑线向下突破了前面连续三根白线的最低点，则可以判定市场已经开始下行。反之，要判定市场的下跌是否真正结束，要等到一根新的白线向上突破了前面三根连续黑线的最高点。⊖请参见黑色转向线、白色转向线。

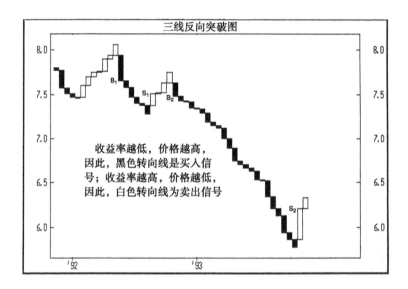

趋势：本书讨论的蜡烛线信号大多为反转信号，这就意味着此前存在一个可供反转的趋势，否则所谓的蜡烛线或蜡烛线组合形态就失去了意义。例如，如果在一个交易价格区的中间位置出现十字星，这个十字星就不是一个重要的交易指令信号，因为它没有什么趋势可以逆转。锤子线与吊颈线形态一样，如此前的趋势是上升的，则形态为吊颈线；同一个形态，如果出现在下降趋势之后，它就是锤子线。这个例子也可以用来表示趋势对于蜡烛线及蜡烛线组合形态的信号价值的重要性。

⊖ 这里的图形反映的是国债收益率，而不是国债价格。——译者注

转向线：参见黑色转向线与白色转向线。

双黑跳空：下降窗口之后的两个黑色实体。

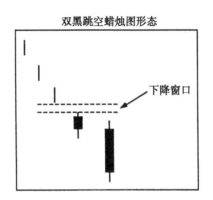

上插线：空头信号，表现为一根蜡烛线向上突破重要的阻力位，但此后没有守住高位，又回抽到阻力位下方。参见弹簧线。

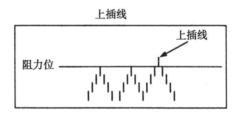

腰：钥匙图上的前低点。

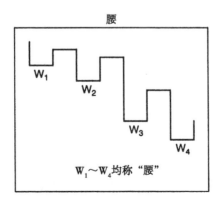

白套装：参见"在黑鞋上面有白套装，白套装上面伸出脖颈时买入"，以及"在脖颈下面有黑套装，黑套装下面出现黑鞋时卖出"。

白色转向线：三线反向突破图上突破此前三根连续黑线之高点的白线。参见黑色转向线。

窗口：蜡烛图上的行情继续形态，与西方技术分析中的"缺口"属于一个概念。窗口分为"上升窗口"与"下降窗口"两种。上升窗口为多头继续形态，表现为昨天的上影线顶端与今天的下影线底端之间有一个缺口。在下降窗口中，此前蜡烛图的低点（下影线底端）高于当前蜡烛图上影线的顶端。

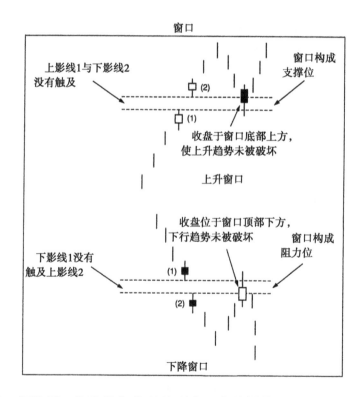

阳线：钥匙图上钥匙线粗线段的别称。参见阴线。

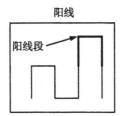

阴线：钥匙图上钥匙线细线段的别称。参见阳线。

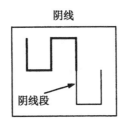

参 考 文 献

Buchanen, Daniel Crump, *Japanese Proverbs and Sayings*, Oklahoma City, OK: University of Oklahoma Press, 1965.
Cleary, Thomas, *The Japanese Art of War*, Boston, MA: Shambhala, 1991.
Dilts, Marion May, *Pageant of Japanese History*, New York, NY: David McKay, 3rd edition, 1963.
Hiroshi, Okamoto, *Keisen no Mikata (The Way to Look at Charts)*, Tokyo, Japan: Nihon Keizai Shinbunsha, 1972.
Hoshii, Kazutaka, *Hajimete Kabuka Chato wo Yomu Hito no Hon (A Book for Those Reading Stock Charts for the First Time)*, Tokyo, Japan: Asukashuppansha, 1990.
Ikeda, Mamoru, *Kabushki Chato Nyumon (Introduction to Stock Charts)*, Tokyo, Japan: Diamondsha, 1978.
Ikutaro, Gappou, *Kabushikisouba no Technical Bunseki (Stock Market Technical Analysis)*, Tokyo, Japan: Nihon Keizai Shinbunsha, 1985.
Ishii, Katsutoshi, *Kabuka Chato no Tashikana Yomikata (A Sure Way to Read Stock Charts)*, Tokyo, Japan: Jiyukokuminsha, 1990.
Nippon Technical Analysts Association, *Analysis of Stock Price in Japan*, Tokyo, Japan, 1986.
Oyama, Kenji, *Hanawa Kurenai Yanagiwa Midori (The Flower is Red, the Willow is Green)*, Tokyo, Japan: Oyama Keizai Kenkyusho, 1977.
Sakata Goho Wa Furinkazan (Sakata's Five Rules are Wind, Forest, Fire and Mountain), Tokyo, Japan: Nihon Shoken Shinbunsha, 1969.
Seidensticker, Edward G, *Even Monkeys Fall from Trees and Other Japanese Proverbs*, Rutland, VA: Charles E. Tuttle, 1987.
Sun-Tzu, *The Art of War*, trans. Samuel B. Griffith, London, England: Oxford University Press, 1963.
Sun-Tzu, *The Art of Warfare*, trans. Roger Ames, New York, NY: Ballantine, 1993.
Shimizu, Seiki, *The Japanese Chart of Charts*, trans. Gregory S. Nicholson, Tokyo, Japan: Tokyo Futures Trading Publishing Co., 1986.
Technical Traders Bulletin, May 1991, Torrence Hills, CA: Island View Financial Group Inc., 1991.
Yasui, Taichi, *Kabushikikeisen no Shinzui (The Essence of Stock Charts)*, Tokyo, Japan, 1976.